Wolfgang Günter Lerch
Türkische Dichter

Wolfgang Günter Lerch

Türkische Dichter

Eine Literatur im Aufwind

Frank & Timme
Verlag für wissenschaftliche Literatur

Umschlagabbildung: Galata Tower – Istanbul © trentemollermix – stock.adobe.com

ISBN 978-3-7329-0760-1
ISBN E-Book 978-3-7329-9205-8

Herstellung durch Frank & Timme GmbH,
Wittelsbacherstraße 27a, 10707 Berlin.
Printed in Germany.
Gedruckt auf säurefreiem, alterungsbeständigem Papier.

www.frank-timme.de

Inhaltsverzeichnis

Eine Literatur im Aufwind

Einführung in die moderne Dichtung der Türkei

Seitdem Orhan Pamuk im Jahre 2006 den Nobelpreis für Literatur verliehen bekam, befindet sich die türkische Literatur auch außerhalb der Türkei in einem ziemlichen Aufwind; auch die Wahl der Türkei als Gastland der Frankfurter Buchmesse im Jahre 2008 hatte diesen merklich verstärkt. Inzwischen, so hat man den Eindruck, hat dieser Boom zwar wieder etwas nachgelassen, doch ein sichtbarer Erfolg türkischer Autoren auf dem internationalen Buchmarkt ist geblieben. Das Angebot originaler wie übersetzter türkischer Literatur, klassischer und aktueller Werke, ist jedenfalls erheblich größer als zuvor. Und das, was dem Leser angeboten wird, macht deutlich, dass die türkische Literatur schon seit geraumer Zeit das Niveau der modernen Weltliteratur erreicht hat. Und zwar keineswegs nur in den Werken des mit dem Nobelpreis Geehrten, sondern auch in den Arbeiten vieler anderer Autoren, die allmählich an Bekanntheit gewinnen. Das gilt auch für den deutschen Buchmarkt.

Dennoch: Dieser Erfolg ist nur ein relativer, denn in einem größeren Maßstab ist es nach wie vor berechtigt, von der türkischen Literatur als einer *Terra incognita*, einem noch weithin unbekannten Land und Kosmos der Dichtung zu sprechen.

Die Geschichte der türkischen Literatur neuerer Zeit ist die Geschichte einer geradezu unglaublichen Emanzipation auf vielen Feldern des Lebens, der Politik und Kultur vor allem, mit der die türkische Literatur auf das engste verbunden gewesen ist. Die Gründung und Entwicklung des türkischen Nationalstaates seit 1923 unter der Führerschaft von Mustafa Kemal Atatürk (1881–1938) vom islamisch strukturierten Osmanischen Reich (Osmanli Imparatorluğu) zur weltlichen Türkischen Republik (Türkiye Cumhuriyeti) war ohne die Literaten gar nicht denkbar. Die Schriftsteller und Dichter betrieben diesen Prozess, wie sie ihn umgekehrt in ihren Werken auch darstellten und literarisch abbildeten, manches Mal auch kritisch begleiteten. Dies war zudem verknüpft mit einer Emanzipation von jener spezifisch islamischen, persisch-mystisch und auch arabisch-religiös geprägten Literatur, die unter den Sultanen viele Jahrhunderte lang als höfische und religiöse Dichtung vorgeherrscht hatte, obwohl in ihr durchaus auch weltliche Themen, beispielsweise ein gehobener Lebensgenuss (türkisch rindlik genannt, lateinisch carpe diem) thematisiert worden waren. Dies vor allem in der „klassischen" osmanischen Literatur (divan edebiyati), deren Ausläufer bis in das beginnende 20. Jahrhundert hineinreichen.

Deren größte Vertreter, ein Mahmud Abdulbaki mit dem Dichternamen Baki, ein Fuzuli, der im Azeri-Dialekt (Aserbaidschanisch) dichtete, ein Scheichulislam Yahya, ein Ahmet Nedim, ein Ömer Nef'i und viele andere aus dem 16., 17. und 18. Jahrhundert wurden über Jahrhunderte stilbildend und als unerreichte Musterbilder osmanischer Hof- und Hoch-Dichtung von den Gebildeten verehrt. Ihre Hauptthemen waren die Anakreontik, der schon erwähnte gehobene Lebensgenuss, sowie die Panegyrik, der Lobpreis der Herrschenden im Staat. Darin folgten sie ganz den persischen und arabischen Vorbildern.

Man ist schnell geneigt, wegen der übermächtigen klassischen Muster aus Iran und Arabien der osmanischen Literatur das Attribut „epigonal" anzuheften. Doch wäre dies im höchsten Maße ungerecht. Und nicht allein dies: In gewisser Weise war es sogar das Ziel dieser Dichtung, „epigonal" zu sein, das heißt, die überkommenen Vorbilder und ihre Werke in gekonnter Weise nachzuahmen. In diesen hochfeudalen und halb-feudalen Zeiten, in dieser hoch ausdifferenzierten, hierarchischen osmanischen Gesellschaft, in der jeder Berufsstand und jeder Amtsträger an der Kleidung zu erkennen und einzuordnen war, war ein moderner Individualismus, wie wir ihn kennen und bevorzugen, auch in den schöpferischen Berufen und Tätigkeiten weitgehend unbekannt. Nur absolute Kenner der osmanischen Dichtung oder Kunstmusik sind heute in der Lage, anhand von geringen stilistischen Eigenheiten einen Autor oder Komponisten aus klassischer osmanischer Zeit zu erkennen.

Seit der Mitte, spätestens jedoch seit dem letzten Drittel des 19. Jahrhunderts begann man, sich westlichen, insbesondere europäischen Vorbildern zuzuwenden, sie zunächst auch bewusst nachzuahmen. Dies hing naturgemäß auch mit den politischen Reformen zusammen, die seit dem ersten Reformerlass des Sultans im Jahre 1839 ins Werk gesetzt wurden.

Zu dieser Zeit, ganz besonders jedoch in der jungen Republik Mustafa Kemal Atatürks wandten sich die Autoren außerdem vom osmanischen Türkisch als Literatursprache ab, hin zum „echten Türkisch" (öz Türkçe), das in den zwanziger, dreißiger und vierziger Jahren des vorigen Jahrhunderts mehr geschaffen wurde, als dass es aus dem Volk heraus sich entwickelt hätte. Jedenfalls glaubte man, dass dies ein echtes Türkisch sei. In diesem nicht unproblematischen, schwierigen und auch umstrittenen Prozess einer neuen Sprachschöpfung ging es darum, das Übermaß persischer und arabischer Fremd- und Lehnwörter zu eliminieren und durch türkische Wörter zu ersetzen, die das Volk auch verstand – nicht nur der gebildete Effendi früherer Zeiten und Epochen, der sich ein ziemlich „abgehobenes" Osmanisch (Osmanlica) geschaffen hatte. Es ist einsichtig, dass gerade die Schriftsteller und Dichter an diesem Transformationsprozess der Sprache vom Osmanischen zum Türkischen regen Anteil nahmen und sich in die von der Sprachkommission (Türk Dil Kurumu) ausgehenden Veränderungen einmischten. Bis heute dauert dieser Prozess an, wenn er auch verlangsamt worden ist und mancher seiner Exzesse zurückgenommen wurde. Doch fast jeder Autor der Türkei hat seine eigene Meinung zur Umgestaltung der Sprache und darüber, wie und was modernes Türkisch zu sein habe. Unter westlichen Turkologen kursiert das Bonmot, die türkische Sprachreform sei „katastrophal erfolgreich" (Jens-Peter Laut) gewesen, weil sie zwar ein allgemeinverständliches Idiom geschaffen habe, aber hier und da um den Preis von Errungenschaften, die mit dem Geist der türkischen Sprache wenig bis nichts zu tun haben. Entweder man prägte Neologismen oder suchte nach „echt türkischen" Wörtern in den übrigen Turksprachen, die außerhalb der Türkei gesprochen werden. Und man machte Anleihen beim Alttürkischen. Zahlreich sind heute die Lehnwörter aus dem Französischen, Englischen und Italienischen – so wie früher aus dem Farsi und Arabischen. Doch noch immer ist der perso-arabische Wortschatz beträchtlich. Und so manches neue und moderne Kunstwort ist eben künstlich.

Aber die türkischen Autoren emanzipierten sich auch von den traditionell gültigen Gattungen der Literatur und wandten sich unter dem Einfluss des Westens dem Drama und der epischen Prosa, dem Roman und der Erzählung zu: sie alle hatte es, jedenfalls in der heute gültigen Form, in der osmanischen Literatur nicht gegeben. In osmanischer Zeit hatte die äußerst kunstvolle höfische Diwan-Poesie mit ihren oft berückenden Sprachspielen und Metaphern die Literatur dominiert; und bis in das 20. Jahrhundert hinein blieb die türkische Literatur ganz im Zeichen der Poesie, der Lyrik. Noch heute sind die Lyriker, trotz aller Veränderungen der literarischen Landschaft, im Land besonders angesehen.

Ein zeitgenössischer Volksdichter, der 1973 verstorbene Aşık Veysel, war Kemal Atatürks Lieblings-Sänger, denn dessen bekanntestes Gedicht „Kara Toprak" („Schwarze Erde") feierte die anatolische Heimat und deren fruchtbares Bauernland als Kernstück des neuen Türkentums, das sich von der Stadtkultur Istanbul/Konstantinopels und ihrem „dekadenten" Umfeld drastisch unterschied und auch unterscheiden sollte. Volkstümlichkeit und Volksnähe (halkçilik) sollten die neue Literatur prägen, wobei sich auch in der Türkei bisweilen ein schmaler Grat zwischen echter Volksverbundenheit und einem „völkischen Tümeln" auftat.

Wie sehr solcherart im Volk verwurzelte Literatur wieder in den Vordergrund drängte, zeigt sich bis heute auch in anderen Künsten. So haben insbesondere klassische türkische Komponisten, wie zuletzt der Pianist und Tonsetzer Fazil Say, den Geist dieser mystischen Volkspoesie in ihren Werken verarbeitet. Fazil Say komponierte auch ein Stück nach dem Vorbild des Gedichtes „Kara Toprak" von Veysel, das heute in vielen Konzertsälen aufgeführt wird. Auf Veysel und diese Art von Volksliteratur werde ich am Ende dieses einführenden Essays noch einmal ausführlicher zu sprechen kommen.

Emanzipation fand nicht zuletzt unter Schriftstellerinnen statt, die heute, was Umfang und Qualität ihrer Werke angeht, sich hinter den männlichen Autoren längst nicht mehr zu verstecken brauchen. Interessanterweise drücken sich die türkischen Schriftstellerinnen hauptsächlich im Mittel der Prosa aus, schreiben Romane und Erzählungen. Einzig Gülten Akın, 1933 in Yozgat in Zentralanatolien geboren, hat in der Lyrik den Durchbruch geschafft und einen den männlichen Dichtern vergleichbaren Rang erreicht.

Wie nun vollzog sich der Umbruch hin zur modernen türkischen Literatur? Es mag nützlich sein, die Frage mit dem Rückgriff auf andere Literaturen zu beantworten, deren Autoren vor ähnlichen Aufgaben und Problemen standen wie die Dichter der Türkei. Etwa die Autoren Irans oder diejenigen der arabischen Länder. Bei den türkischen könnte man das Vorgehen vielleicht in die Formel „Von Nachahmung zu Nachahmung" gießen. Hatte man zuvor die persischen Klassiker nachgeahmt, so ging man jetzt zur Nachahmung der Europäer über. Auch die Literatur der Russen, die im 19. Jahrhundert schon Weltrang erreichte, folgte diesem Muster. Der berühmteste Literaturkritiker Russlands im 19. Jahrhundert – Wissarion Grigorjewitsch Belinski (1811–1848) – schreibt über die Transformation seiner eigenen Literatur hin zur Weltgeltung zunächst einmal über die Reformen Peters des Großen und fährt dann fort:

> „Nicht weniger Vernünftiges, Gescheites und Witziges (wie über diese Reformen, der Verfasser) lässt sich über die russische Literatur erzählen (und es ist auch schon hinreichend darüber erzählt worden), die nichts aus den Bedürfnissen der Gesellschaft, sondern aus blinder Nachahmung ausländischer Literatur entstand. Und was hätte man in der Tat von diesem Abklatsch und Abschreiben, von dieser Nachbildung fremder Muster, von dieser toten, seelenlosen Nachahmung und Nachäffung fremder Gedanken und Formen erwarten können? Aber inzwischen sind wir auf die Namen nationaler und selbständiger Dichter stolz, auf die Namen Krylows, Puschkins, Gribojedows, Gogols, Lermontows … aber unsere Literatur hatte auch inzwischen als lebendiger Quell menschlicher und humanistischer Bildung großen und wohltuenden Einfluss auf die Gesellschaft."

Es spricht für die absolute Seriosität Belinskis, dass er die Entwicklung der russischen Literatur auf so ehrliche Weise aus dem Geiste der Nachahmung fremder Vorbilder dargestellt hat. Auch bei den Türken standen die Reformen der Sultane Mahmud und Abdülmecit Pate bei allem, was auch in der Literatur folgte; und die Vorbilder für die Literaten saßen vornehmlich in Frankreich und England. Molière, die beiden Dumas, Victor Hugo, William Shakespeare.

Begonnen hatte der Modernismus in der Türkei, die noch ein Imperium war, mit Ibrahim Şinasi (1826–1871). Mit seinem Theaterstück „şair evlenmesi" („Die Heirat des Dichters"), das 1859 gedruckt erschien, schuf er das erste moderne dramatische Werk der türkischen Literatur, das diesen Namen wirklich verdiente. Und sein Thema, die damals allgemein übliche arrangierte Ehe, ist bis heute in der islamischen Welt, doch auch noch in der modernen Türkei durchaus aktuell geblieben. Şinasi ist der Vater der sogenannten Tanzimât-Literatur, der Periode der beiden historischen Reformerlasse der Sultane von 1839 und 1856. In den großherrlichen Sendschreiben, die man Hatt-i şerif von Gülhane und Hatt-i hümayun nennt, setzten die Herrscher manche politischen und gesellschaftlichen Veränderungen ins Werk, die aus Europa kamen und das Osmanische Imperium modernisieren sollten, in der Haltung gegenüber den religiösen Minderheiten, im Heer und bis in das zivile Leben hinein. Diese Reformen gingen auf Sultan Mahmut II. (1808–1839) und seinen Nachfolger Abdülmecit (1839–1861) zurück. Şinasi war in erster Linie Journalist, Chefredakteur der Zeitung „Tasvir-i efkâr" (Schilderer der Gedanken) und brachte den Türken das tägliche Lesen bei, obwohl die Türken als Angehörige einer Hörkultur, die der Islam ist, bis heute relativ schlechte Leser geblieben sind. Wenn man bedenkt, dass die Türkei von achtzig Millionen Menschen bewohnt wird, dann sind die Auflagen der maßgebenden Blätter, aber auch vieler Bücher noch immer vergleichsweise gering.

Die Literatur dieser Reformen geht über in die Revolution der ersten Hälfte des vorigen Jahrhunderts, in der das Reich endgültig zerbrach und der Republik Platz machte, mit allen Bedürfnissen, die dadurch auch literarisch entstanden. Auf dem Felde der Prosa schafft Halit Ziya Usakligil (1865–1945) im Jahre 1900 den ersten wirklich bedeutenden türkischen Roman: „Aşk-i memnu" (Verbotene Liebe). Diese Dreiecksgeschichte, die in den Kreisen des gehobenen Istanbuler Bürgertums spielt, endet tragisch, man erkennt gewisse europäische Vorbilder des Gesellschaftsromans. Flaubert oder Dumas etwa. Yakup Kadri Karaosmanoğlu (1889–1972) mit seinem Roman „Yaban" (Der Fremde), und Peyami Safa (1899–1961) mit „Fatih-Harbiye" begleiten, wie viele andere, die nationale Befreiung und die Entstehung des neuen Staates und seiner ungewohnten Werte, die insbesondere die Frommen unter den Muslimen teilweise empören oder zumindest irritieren, mit ihren Romanen. Von dieser neuen Literatur wird erwartet, dass sie, der kemalistischen Staatsdoktrin gemäß, dem Modernismus verpflichtet ist und das „Volk bildet und erzieht" – im Sinne der Atatürkschen Reformen natürlich.

In der Poesie werden Nâzim Hikmet Ran (1902–1963) und Orhan Veli Kanık (1914–1950) die eigentlichen Erneuerer. Der Kommunist Hikmet, seit 1924 schon Mitglied der Kommunistischen Partei der Türkei, jahrelang unter Vorwänden inhaftiert und schließlich im bulgarischen und sowjetrussischen Exil lebend, befreit den türkischen Vers endgültig von alten Bindungen der früheren islamischen Universalpoesie und wird auch kraft seiner universellen Themen und als Meister aller Literatur-Gattungen zu einem Welt-Dichter, den viele mit dem chilenischen kommunistischen Dichter Pablo Neruda verglichen haben. Hikmet ist so bekannt, und es gibt eine so reichhaltige Sekundärliteratur über ihn und sein Werk, auch in deutscher Sprache, dass ich ihn in diesem Bändchen nicht in einem eigenen Kapitel besonders berücksichtigen möchte. Es gilt, jenseits dieses großen Modernisierers andere Dichter des 20. Jahrhunderts vorzustellen. Dichter, die – ohne die gesellschaftlichen Probleme zu ignorieren – aus persönlicher und individueller Sicht an die großen Fragen des Lebens herangehen.

Orhan Veli und seine dichtenden Freunde und Gesinnungsgenossen Melih Cevdet Anday (1915–2002) und Oktay Rifat (1914–1988) brechen ebenso mit dem Alten, doch meiden sie jegliche Form von Pathos und dichterischer Emphase, reduzieren das Gedicht auf lakonische Kürze und Knappheit sowie auf triviale oder nur scheinbar triviale Inhalte. Die kleinen Leute und alltägliche Begebenheiten werden Gegenstand der Dichtung. Besonders Orhan Veli setzt sich für eine „Demokratisierung" des Gedichtes ein, sein Motto lautet: „Jeder hat ein Recht auf das Gedicht."

Als Vorläufer und Vorkämpfer des modernen Gedichtes kann Tevfik Fikret (1867–1915) gelten. Er ist der wichtigste Vertreter einer Dichterschule, die den Namen Servet-i fünûn (Reichtum der Künste) trägt und zusammen mit der Bewegung Fecr-i Âti (Morgenröte der Zukunft) tief in die neu entstehende türkische Dichtung, ihre Themen und Formen eingreift. Als der letzte Klassizist, der meisterhaft die alten Formen des traditionellen Aruz, das heißt der klassischen arabischen Prosodie, beherrscht, erweist sich Yahya Kemal Beyatli (1884–1958), der vom Balkan stammt, aus Üsküp oder Skopje im heutigen Mazedonien (ihm und seinem Werk habe ich vor einiger Zeit eine kleine Monographie gewidmet: „Poesie und Geschichte. Über den türkischen Dichter Yahya Kemal Beyatli", Allitera Verlag, München 2013). Im Werk von Ahmet

Haşim (1883–1933) erlebt das osmanische Türkisch seinen letzten glänzenden Abgesang. Haşims Gedichte sind Ergebnis seiner Beschäftigung mit dem Symbolismus. In ihnen spiegelt sich der Untergang einer alten, verbrauchten Welt, sprachliche Schönheit, die Farbigkeit der Bilder, Musikalität der Sprache und eine Stimmung der Trauer und des Abschieds fallen zusammen. *Cum grano salis* könnte man diesen Dichter und seine sprachliche Ästhetik mit Rainer Maria Rilke (1875–1926) vergleichen.

In der zweiten Hälfte des vorigen Jahrhunderts trat dann eine Menge origineller Poeten auf den Plan, die sich entweder auch zu Gruppen, wie den „Ikinci yeniler" („Zweite Neue") zusammenschlossen oder wenigstens so tituliert wurden; oder als Einzelgänger verblieben. Ziya Osman Saba, Cahit Sıtkı Tarancı, Cemal Süreya, Süraya Berfe, Edip Cansever, Cahit Külebi, Bedri Rahmi Eyüboğlu und viele andere gehören dazu, auch Behçet Necatigil, von dem eine Reihe Gedichte schon früh auch ins Deutsche übertragen wurde. Einer Reihe von ihnen wird der Leser in den folgenden Kapiteln begegnen, sodass hinsichtlich der Lebensdaten und -umstände darauf verwiesen sei. In jüngster Zeit hat sich ein Poet, der unter dem Namen Küçük İskender (der kleine Alexander) publiziert, ein offenkundiger Verehrer Arthur Rimbauds (1854–1891), als provokantes Enfant terrible der türkischen Literatur entpuppt.

In der Prosadichtung wurden parallel zum Roman die Erzählung und die Kurzgeschichte (hikâye, öykü) immer populärer. Ihr Pionier an der Wende vom 19. zum 20. Jahrhundert ist Ömer Seyfettin (1884–1920). Längst hat er, dessen Leben und Werk Tahir Alangu, selbst Schriftsteller und Kritiker, so ausführlich beschrieben hat, den Rang eines modernen Klassikers. Dasselbe gilt für Sait Faik Abasiyanik (1906–1954), dessen Vorbild der russische Dichter Anton Tschechow ist und dessen Helden man nach dem Muster einer seiner Erzählungen als „überflüssige Menschen" (lüzumsuz adamlar) bezeichnen müsste. Sait Faik, der an der Trunksucht litt und starb, war ein Melancholiker, bei dem man die für viele Türken so charakteristische Eigenschaft der „endemischen Traurigkeit" (hüzün) festgestellt hat. Auch Orhan Pamuk apostrophiert hüzün an vielen Stellen seiner Werke als eine Grundstimmung und Gestimmtheit des Türken, vornehmlich des Istanbulers.

Unter dem Einfluss auch der großen russischen Autoren wie Tolstoj oder Tschechow entsteht ein Realismus (gerçekçilik), etwa bei dem linken, marxistisch beeinflussten Sabahattin Ali (1907–1948) oder dem Schöpfer der Dorfliteratur Anatoliens, Mahmut Makal, Jahrgang 1933. Makal ist kein wirklich großer Autor, inspirierte jedoch viele Autoren mit seinen Büchern über das Dorfleben dazu, über ihre engere Heimat, ihre Region zu schreiben. Da trat vor allem Anatolien ins Blickfeld von Autoren und Lesern. Man kann dies sozialen Realismus nennen. Der bedeutendste Schriftsteller dieser Gattung, der längst auch in Deutschland bekannt ist, war Yaşar Kemal (1923–2015), Träger des Friedesspreises des Börsenvereins des deutschen Buchhandels, verliehen in der Frankfurter Paulskirche im Jahre 1997. Seine Romane und Erzählungen sind in weit mehr als vierzig Sprachen übersetzt worden. Vor allem gilt dies für seine anatolische Tetralogie „Ince Memed“ (Memed mein Falke), mit deren erstem Band er 1957 schlagartig hervortrat und schon großen Ruhm erntete. Es ist die Geschichte eines „edlen Räubers“ aus den Taurus-Bergen, die der Autor nach seinem ersten Erfolg in weiteren Bänden immer wieder weitergesponnen hat. Ein türkischer Robin Hood. In fortgeschrittenem Alter hat Kemal sich in einer Roman-Trilogie des in der Türkei weitgehend verdrängten Themas der ethnischen und religiösen Minderheiten angenommen, der Griechen und Armenier vor allem. Auch die Welt der Yörüken, der türkischen Nomaden, wird in manchen seiner Werke lebendig. Doch entstanden auch Bücher über Istanbul und natürlich solche, welche die Kilikische Ebene zum Hintergrund hatten, sprich: die unmittelbare Heimat dieses liebenswürdigen Schriftstellers, der zu einem Teil kurdischer Herkunft war und mit seiner Kritik an den politischen Verhältnissen kein Blatt vor den Mund nahm. Viele Dutzend Mal war er angeklagt, das „Türkentum beleidigt“ zu haben – ein Schicksal, dem bis heute kaum ein führender türkischer Autor entgangen ist.

Doch es schlug auch die Stunde schwer einzuordnender Einzelgänger, etwa eines Ahmet Hamdi Tanpınar (1901–1962), der eines der großen literarischen Vorbilder Orhan Pamuks ist. Ihm habe ich im Folgenden einen eigenen Essay gewidmet. Nach Pamuks Auffassung hat Tanpınar mit seinem umfangreichen Roman „Huzur“ („Seelenfrieden“), erschienen 1949, das „größte Buch über Istanbul geschrieben“, das jemals in der Türkei erschien. Pamuk vergleicht es mit dem „Ulysses“ von James Joyce, dem Roman über Dublin schlechthin. Tanpınar ist vielleicht der größte Prosaist vor Pamuk, ein Schriftsteller, dessen wichtigstes Thema die *Zeit* gewesen ist. Die physikalische Zeit, die gefühlte

Zeit des Menschen, die Zeit als Geschichte, verschränkt mit der Zeitlosigkeit großer Kultur und der Transzendenz, von deren Erfahrung jenseits der Zeit die Mystik handelt, faszinierten ihn lebenslang. Tanpınar war als Mensch und Autor ein Sucher zwischen Orient und Okzident, er war mit seiner islamischen Kultur ebenso vertraut wie mit der westlichen, ein Liebhaber Beethovens und der Romane von Marcel Proust, mit dem man ihn verglichen hat.

Wie sehr sich die Gesellschaft der Türkei, vor allem in den Städten, in der zweiten Hälfte des vorigen Jahrhunderts veränderte, machen andere literarische Strömungen und Trends deutlich. Hatten sich bis dahin die meisten Autoren als „Lehrmeister der Massen" begriffen, die ein im Sinne Atatürks säkulares, oftmals auch „linkes" Denken befördern wollten, so bringt die Verstädterung und Modernisierung der vergangenen Jahrzehnte auch individualistische, existenzialistische und insbesondere auch feministische Lebensentwürfe in den Vordergrund, die ihren literarischen Ausdruck suchen und finden. In der Lyrik huldigten Ilhan Berk, Attila Ilhan, Fazil Hüsnü Dağlarca, Ahmet Arif und viele andere einem Individualismus, der allerdings auch immer stark politisch geprägt ist, insbesondere bei linken Poeten. Berk, den wir bald näher kennenlernen werden, hat dem Multikulturalismus der Vergangenheit einen Teil seines Werkes gewidmet. In der Prosa steht das schmale Werk des 1989 verstorbenen Yusuf Atilgan (1921–1989), zwei Romane und einige Erzählungen, für den Ansatz, den ich existenzialistisch genannt habe. Seine Helden sind tragisch Scheiternde wie etwa die Protagonisten in den Romanen „Anayurt oteli" (Hotel Heimat) und „Aylak adam" (Der Einzelgänger). Diese Werke, getragen von Empfindungen der modernen Entfremdung und individueller Einsamkeit, erinnern mit ihrem gelegentlichen Lebensüberdruss eher an Albert Camus als an Jean-Paul Sartre.

Das Thema der Frauenemanzipation, dem Kemal Atatürk große Wichtigkeit beimaß und für dessen Verwirklichung er zu seinen Lebzeiten besonders viel unternahm, findet in der Schriftstellerin Halide Edip Adivar (1884–1964) eine große Vorkämpferin und Pionierin. Halide Edip ist ganz vom kemalistischen Reformgeist und vom Nationalismus der Gründerjahre der Republik durchdrungen, die Frau soll in der neuen Türkei gleichberechtigt an der Seite ihres Mannes stehen. Sie ist die kämpfende Kameradin des Mannes, wie in ihrem Roman „Ateşten gömlek" (Das Flammenhemd), einer Episode aus dem nationalen Befreiungskampf, an dem die Autorin ebenso aktiv teilnahm wie am politischen Leben. Nach ihrem Wirken kann man in der Türkei von einer Explosion schreibender und dichtender Frauen sprechen, die zuvor in osmanischer Zeit nicht denkbar gewesen wäre, obzwar es auch damals vereinzelt dichtende Frauen gegeben hatte. Halide Nusret Zorlutuna, Adalet Ağaoğlu, geboren 1929, die jüngeren Füruzan Selçuk und Leyla Erbil (die gegen den aus osmanischer Zeit überkommenen Machismo anschreiben), die mit vierzig Jahren viel zu früh verstorbene Sevgi Soysal, deren Roman „Yürümek" (Marschieren) wegen sexueller Freizügigkeit in besonders konservativem Kreisen der Türkei einen Skandal erregte, Tomris Uyar oder Pinar Kür – in den vergangenen Jahren und Jahrzehnten sind diese Autorinnen durchaus populär geworden; ebenso Feyzâ Hepçilingirler, Erendiz Atasü und Asli Erdoğan, deren Brasilien-Roman „Kirmizi pelerinli kent" („Die Stadt mit der roten Pelerine") einem gewissen Exotismus huldigt. Asli Erdoğan machte unter der Herrschaft ihres „Namensvetters" Staatspräsident Recep Tayyip Erdoğan wie so viele andere Autoren schon zuvor Bekanntschaft mit den Strafverfolgungsbehörden. Obwohl diese Autorin sich immer für eine friedliche, demokratische und mit den Menschenrechten konforme Lösung der Kurdenfrage eingesetzt hatte, war sie den Justizbehörden ein Dorn im Auge. „Unterstützung einer Terrororganisation", lautete die pauschale Anklage. Gemeint ist natürlich die prokurdische PKK. Sie unterstützt man nach Auffassung des Staates immer dann, wenn man die Kurdenpolitik der Türkei für falsch hält und kritisiert, vor allem den Versuch, die Krise mit militärischen Mitteln zu lösen.

Gewissermaßen ganz „zu Hause" bleibt Oya Baydar, eine dezidiert linke Schriftstellerin, die sich in „Kayip söz" („Verlorene Worte") der bis heute so brisanten Kurden-Thematik widmet. Kurdische Autoren haben, wie man sich unschwer denken kann, einen schweren Stand in der noch immer stark nationalistisch geprägten Türkei.

Zur Starautorin ist Elif Şafak avanciert, deren Roman „Baba ve piç" („Der Bastard von Istanbul") ihr ebenfalls eine flüchtige Bekanntschaft mit der türkischen Gerichtsbarkeit einbrachte. Dieses Schicksal ereilt leider Gottes noch immer viele der gerade innovativsten, schöpferischsten Schriftsteller des Landes. Lange Zeit war es fast so etwas wie ein Qualitätsausweis, eine Art von Adelsprädikat der Autoren, mit den einschlägigen Paragraphen, wegen „Beleidigung des

Türkentums" beispielsweise, in Konflikt zu geraten. Diese sind einem starren, erziehungsdiktatorisch verstandenen Staatsverständnis geschuldet. Es ist eine Tradition, die mit der Staats- und Nation-Werdung unter Kemal Atatürk zu tun hat, jedoch auch in die osmanische Zeit zurückreicht, in welcher häufig die Dichter der islamischen Heterodoxien und Sekten oder der anderen religiösen Minderheiten Schwierigkeiten bekamen, wenn sie nicht ohnehin als Angehörige dieser Minderheiten verfolgt wurden. Doch damit standen die Osmanen in der Geschichte ja keineswegs allein. Und insgesamt waren die Osmanen häufig toleranter als ihre republikanisch-weltlichen Nachfolger mit ihrem dezidierten Nationalismus (milliyetçilik). Dieser Nationalismus hat ja bei den sogenannten Grauen Wölfen faschistoide Züge angenommen.

Wie Orhan Pamuk und viele andere scheut sich Elif Şafak nicht, heiße Eisen anzufassen, wie die Kurden- und Armenier-Frage, oder auch Themen aus dem Bereich der Sexualität. Freilich ist das inzwischen ein wenig leichter geworden als noch vor Jahren. Şafak, die heute in Istanbul lebt, wurde 1971 als Tochter von Diplomaten in Straßburg geboren, lehrte eine Zeit lang in Tucson, Arizona, Gender-Studien – ein Forschungsgebiet, das in der Türkei noch weitaus strittiger ist als in Europa oder Amerika. Andererseits hat sie keinerlei Berührungsängste gegenüber manchen Traditionen, etwa auf dem Feld der Sprache. Sie verwendet sprachliche Osmanismen, wo ihr das stilistisch geboten erscheint, und verarbeitet auch auf solche Weise die Geschichte, die man lange verdrängte. Die heutige Türkei leidet noch immer an einer sozusagen par ordre de Mufti verordneten, einseitigen Geschichtsvision, die vieles bewusst ausblendet, was nicht in diesen vorgegebenen Rahmen passt. Sie stand am Beginn der Republik, hatte damals einen guten Sinn, wird aber den Veränderungen in der türkischen Gesellschaft, den unterschiedlichen Biographien und ethnischen Milieus, deren man sich mehr und mehr bewusst wird, nicht länger gerecht. Bevölkerung und Autoren werden sich allmählich darüber klar, dass die Türkische Republik ein Osmanisches Reich im Kleinen ist, nicht jener homogene Einheitsstaat, von dessen Schaffung man zu Kemal Atatürks Zeiten ausging. Leider ist unter der Regierung der AKP und ihres zwar charismatischen, doch ebenso autokratischen Führers Recep Tayyip Erdoğan wieder eine starke Tendenz zu beobachten, die Türkei zu einem vom sunnitischen Islam dominierten Staat zu machen, in dem andere

Richtungen ins Hintertreffen geraten, vor allem der islamische Liberalismus. Erdoğan entstammt dem Milieu der frommen Kleinbürger, das ihn mehrheitlich wählt und in dieser Auffassung auch unterstützt. Alternativen bleiben mehr und mehr auf der Strecke. Es ist nicht so, dass Erdoğan aus diktatorischer Lust und Laune heraus „islamisiert", wie immer zu hören ist, sondern gerade umgekehrt: Er repräsentiert eine „Kulturrevolution", die auch mit der Gesamtentwicklung der islamischen Welt in Verbindung steht. Die heutigen Verhältnisse in der Türkei sind der vorläufige Höhepunkt einer Entwicklung, die schon vor Jahrzehnten eingesetzt hat: die Emanzipation der sogenannten *Schwarzen Türken*, das heißt jener frommen Bewohner der Armenviertel und der anatolischen, zutiefst im Islam wurzelnden Volksmassen, für die Jahrzehnte lang nichts getan wurde von den kemalistischen Politikern und die man immer nur als Stimmvieh missbrauchte. Durch die Regierungspartei AKP sind sie als eine Art „Gegenelite", wie der FAZ-Autor Rainer Hermann sie charakterisiert hat, an die Macht gelangt. Nun wurde der Autokrat Erdoğan ihr Held. Die materiellen Vorteile und Wohltaten, die Erdoğan ihnen zweifelsohne verschafft hat, nehmen sie persönlich wichtiger als Menschenrechte oder Einschränkungen der Demokratie. Auch das Ansehen Europas hat nach der Meinung vieler Türken sichtbar gelitten, nicht nur bei Erdoğan-Anhängern.

Den Druck dieser konservativen Umwälzung spüren auch Autorinnen wie Asli Erdoğan und Şafak. Wenn sie in ihren historisch grundierten Romanen, etwa über den berühmten osmanischen „Architekten des Sultans" Yusuf Sinanettin (Sinan) oder über den in seldschukischer Zeit lebenden Liebesmystiker und Dichter Mevlâna Celâlettin Rumi (1207–1273), ein anderes Bild von der Vergangenheit, vom Osmanentum und dem Islam als das heute unter Erdoğan offiziell beschworene zeichnet, wird das natürlich in seiner kritischen Attitüde vom Regime wahrgenommen. In der heutigen Türkei kann darüber hinaus schon ein Buchumschlag Anstoß erregen. So störten sich viele bei Şafaks Roman „Aşk" (Liebe) an dem rosafarbenen Cover, das auf die Diskriminierung der Homosexuellen anspielte. Auf der Taschenbuchausgabe des Romans „Baba ve piç" sah man einen sich einen Spalt breit öffnenden Granatapfel, was sofort die Assoziation an eine Vagina hervorrief und auch so gewollt war. Doch auch die Tatsache, dass sie einige Romane zunächst in englischer Sprache verfasste, nehmen ihr manche Türken übel. Şafak betreibt in ihren Büchern eine Aufklärung, die sich buchstäblich aller Mittel bedient, seien diese fortschrittlich oder traditionell. Nichts ist ihr dafür überflüssig.

Politisch wie gesellschaftlich steht die Türkei heute wieder einmal am Scheideweg. Die unvorstellbare Polarisierung des Landes, die sich unter der Herrschaft Präsident Erdoğans und der AKP weiter verfestigt hat, ist auch Ausdruck einer Kulturkrise, die nicht einfach auf einen Nenner zu bringen ist. Dass zeitgenössische Autoren, hindurchgegangen durch die Stilmittel und Inhalte der Moderne, sich auch zunehmend wieder der Vergangenheit zuwenden, und zwar in einem durchaus hegelianischen Sinne des „Aufhebens" (das Osmanische ist aufgehoben im Sinne eines Vergangen-Seins, aber auch „aufgehoben" im Sinne eines Enthalten-Seins in der türkischen Kultur), sodass man sich ihm stellen muss, es jedenfalls nicht verdrängen darf, ist normal. Man kann auch verstehen, dass insbesondere auf dem Gebiet der Sachliteratur, wie auch in Film und Fernsehen, das Osmanische Reich wieder thematisiert wird und teilweise eine nostalgische „Wiederkehr" erfährt. Solche Prozesse sind auch in der Literatur und Kultur westlicher Länder zu beobachten. Freilich: Weder in Großbritannien noch in Frankreich oder Deutschland will jemand ernsthaft gesellschaftspolitisch und politisch an die „gute alte Zeit" anknüpfen.

In der Türkei Erdoğans ist das anders. Zwar sagt das niemand offen und auch in der politischen Programmatik der AKP ist davon natürlich nicht die Rede, doch die Entwicklung der vergangenen Jahre zeigt deutlich, dass Erdoğan – nach einer Periode der Reformen – die Maske hat fallen lassen. Der Islamist, der er war, kommt wieder zum Vorschein, getragen von den „schwarzen Türken" gibt er jetzt mehr und mehr den Gegen-Atatürk, bis hin zu dessen autokratischer Attitüde. Zwar wird die Ikone Atatürk offiziell nicht angetastet, doch ist die Ausrichtung auf eine streng islamische Gesellschaft und die Orientierung an „osmanischer Größe" mit Händen zu greifen. Dass ein großer Teil der Bevölkerung das mitmacht, liegt an einer intellektuell nicht wirklich bewältigten Verwestlichung, die zu autoritär verfügt und zu schnell „verabreicht" wurde. Jener Teil der muslimischen Bevölkerung, der das nicht will, bleibt mehr und mehr auf der Strecke. Man versteht, dass der Autor Murathan Mungan in seiner Erzählung „Çador" den Protagonisten die Türkei als ein mehr und mehr fremd gewordenes Land empfinden lässt.

Erdoğans Osmanismus zeichnet sich dadurch aus, dass er sich zuvörderst an der „Größe und Macht" dieses Reiches und seiner Sultane orientiert, weniger hingegen an dessen positiv zu bewertenden Seiten. Dazu gehörte die relative Toleranz, die die Osmanen den Minderheiten lange Zeit entgegenbrachten, sowie die durchaus liberalen Tendenzen in der Tanzimât-Zeit. Die Widersprüche der heutigen Türkei werden nirgendwo so deutlich, wie in der zentralanatolischen Stadt Konya. Sie ist heute fest in der Hand der Erdoğan-Anhänger und der AKP, beruft sich jedoch auf den großen islamischen Dichter und Sufi-Heiligen Mevlâna Celâlettin Rumi, der im 13. Jahrhundert in ihren Mauern wirkte, jedoch von schier grenzenloser religiöser Offenheit und Toleranz (hoşgörü) geprägt war.

In der Literatur der Türkei geht es darum, eine weitere, freilich richtig verstandene Emanzipation zu leisten, respektive das fortzusetzen, was begonnen hat – hin zu neuer Authentizität. Eine Emanzipation auch vom Westen, dessen Einfluss in den vergangenen hundertfünfzig Jahren zwangsläufig übermächtig gewesen ist. In Ansätzen ist das bereits gelungen. Es waren aber europäische, oft russische, doch auch französische und amerikanische Autoren, welche die türkischen Literaten anregten, manches Mal bis hin zur platten Nachahmung. Insbesondere Pamuk sieht das Authentisch-Werden der türkischen Literatur jenseits der einzelnen literarischen „Erweckungserlebnisse" als seine wichtigste Aufgabe als Autor an. Dem an Dostojewski, Dickens, Flaubert und Thomas Mann Geschulten geht es um das westöstliche Gegeneinander und Miteinander, das „Übersetzen der Kulturen", auf eine authentisch türkische Weise. Dieses Grundthema schlug er schon in den achtziger Jahren mit seinem Roman „Beyaz Kale" („Die weiße Festung") an.

Ein Thema für sich bildet jene Literatur, die sich in der türkischen Diaspora herausgebildet hat und in den vergangenen Jahren eine gewisse Blüte erreichte. Die Autoren und Autorinnen kamen an der Hand ihrer Eltern aus der Türkei nach Deutschland, oder sie wurden schon hier geboren; die meisten von ihnen schreiben in Deutsch, doch gibt es auch welche, die in beiden Sprachen publizieren. Schon hat sich die Literaturwissenschaft ihrer bemächtigt und beginnt, ihre Werke systematisch zu erforschen. „Poesie der Dritten Sprache" ist eine gediegene und umfangreiche Untersuchung dieser Literatur in der türkischen „Diaspora" aus der Feder von Karin E. Yeşilada, erschienen im

Jahre 2012. Sie behandelt im Wesentlichen vier Dichter: Zehra Çirak, Zafer Şenocak, Nevfel Cumart und Levent Aktoprak. Die Literaturwissenschaftlerin widmet sich nicht nur den Werken dieser Autoren, sondern zeigt vor allem die gesellschaftlichen Voraussetzungen, auf deren Hintergrund diese Art von Dichtung in der „dritten Sprache", mentalitätsmäßig zwischen Deutsch und Türkisch hin und her oszillierend, geschaffen wird.

Eine ähnliche Untersuchung über die Prosaisten in der Diaspora wäre ein Desiderat. Namen wie Aras Ören, ein Pionier türkischen Literatentums in Deutschland, Emine Sevgi Özdamar, Feridun Zaimoğlu und manche anderen wären da zu nennen. Dass Ören ebenso wie Özdamar viele Jahre lang als Schauspieler arbeiten mussten, macht deutlich, wie schwer sich diese Literatur „deutscher Türken" anfänglich getan hat. Gewissermaßen der Pionier dieser zwischen deutscher und türkischer Literatur hin und her pendelnden Gruppe von Dichtern und Schriftstellern ist Yüksel Pazarkaya, Jahrgang 1940, der vornehmlich als Übersetzter türkischer Lyrik und als Essayist auch in deutscher Sprache hervorgetreten ist.

Zu Beginn dieses Essays sagten wir, nach dem Nobelpreis für Orhan Pamuk seien türkische Literatur und Dichtung immerhin präsenter auf dem deutschen Markt als zuvor. Diese These wird schon allein durch die Existenz der in deutscher Sprache vorliegenden Türkischen Bibliothek, herausgegeben von den beiden Turkologen Erika Glassen und Jens-Peter Laut, bezeugt. Diese zwanzig Bände umfassende Bibliothek bietet einen umfassenden Einblick in die Literatur der Türkei und Zugang zu türkischen Autoren, die allesamt schon als Klassiker angesehen werden können, entweder im althergebrachten Sinn oder bezogen auf die Moderne. Dazu gehören etliche Schriftsteller, die wir in dieser Einleitung bereits erwähnt haben, doch auch andere, die ebenso bedeutend sind oder wenigstens zu anregenden Diskussionen in Literatur und Gesellschaft beigetragen haben: Memduh Şevket Esendal, Hasan Ali Toptaş, Ahmet Ümit, Oğuz Atay, Ayşe Kulin, Murat Uyurkulak und Murathan Mungan, ein Autor, dessen Prosa immer beliebter ist und der insgesamt, wie auch Ahmet Ümit, einen kometenhaften Aufstieg erlebt hat.

Zur modernen Literatur der Türkei gehört auch ein Genre, das man in unserer deutschen Literatur nicht unbedingt zur Moderne rechnen würde: die Volksliteratur der „halk ozanlari". Darunter versteht man Poeten, die meistens aus der Provinz, vom flachen Lande kommen und auf den Dörfern und in den Kleinstädten ihre Gedichte vortragen. Diese Volksdichtung hat eine jahrhundertelange Tradition, beispielsweise in Anatolien, aber auch auf dem Balkan, der in osmanischer Zeit als Rumelien bekannt war. Die türkischen Barden tragen ihre Poesien zur Langhalslaute vor, sie sind, wenn man so will, klassische Liedermacher. Ihre Verse sind einfach, ohne primitiv zu sein, und der Inhalt ihrer Gedichte ist alles andere als trivial. Die Gedanken- und Empfindungswelt dieser Volksdichter reicht von Fragen der Religion und Metaphysik bis zu politischem Protest und gesellschaftlichen Zuständen. Dem bekanntesten dieser Barden, Aşık Veysel Şatiroğlu (1894–1973), werde ich im Folgenden ein eigenes Kapitel widmen. Die anatolischen Volkssänger, deren Tradition bis in das 14. Jahrhundert zurückreicht, sind auch heute noch populär, finden ihre Nachahmer und haben sogar moderne türkische Musiker inspiriert. Auch der bekannte Romanautor und Liedermacher Zülfü Livaneli (geb. 1946) sieht sich, zumal als politisch Linker, in dieser echt volkstümlichen Traditionskette. Und auch der inzwischen weltbekannte Pianist und Komponist Fazil Say (geb. 1970) hat sich von Aşık Veysel und anderen Poeten dieses Genres zu seinen Kompositionen inspirieren lassen. Etliche der bereits erwähnten Dichter, die im Rahmen der Republik-Gründung auch einen Aufbruch in der Poesie erstrebten, gingen bei den anatolischen Vorgängern in die Schule, nicht nur, was den volkstümlichen Wortschatz des Türkischen betraf, sondern auch die eingängige, sehr gut zum Auswendiglernen (ezbere) geeignete Prosodie.

Ergänzt wird die oben erwähnte wunderbare Sammlung türkischer Literatur durch einen umfangreichen Band, in dem zahlreiche Autoren als Zeugen der Zeit beschreiben, wie sie die Jahre des Umbruchs in ihrem Land wahrgenommen haben („Hundert Jahre Türkei – Zeitzeugen erzählen"). Und unter dem Titel „Kultgedichte" gibt ein weiterer Band dieser Türkischen Bibliothek einen summarischen Überblick über die moderne Poesie der Türkei, in Originalsprache und Übertragung. Enthalten sind darin auch Interpretationen der Gedichte durch einen prominenten Autor. Zu erwähnen wäre indes auch der Literaturca-Verlag von Mesut und Beatrix Caner in Frankfurt, ein kleines, doch ambitioniertes Verlagshaus, das jede Menge türkischer Literatur auf Deutsch publiziert, unter anderem auch Bücher von Tanpınar. Weiter wäre zu nennen der Berliner binooki-Verlag, der sich in besonderer Weise der zeitgenössischen

Literatur und Dichtung annimmt. Unlängst erschien bei binooki in Berlin die deutsche Fassung des großen Romans von Oğuz Atay „Die Haltlosen" („Tutuyamayanlar"). Dieser Autor, 1934 in Inebolu geboren und schon 1977, mit 43 Jahren gestorben, ist einer der ganz Großen der modernen türkischen Literatur, obzwar viele bei uns noch nicht einmal seinen Namen kennen.

Ich hoffe, mit den nachfolgenden Essays einen bescheidenen Beitrag zur Vermehrung der Kenntnisse über die türkische Literatur leisten zu können, sei es auch unter einem ganz besonderen Vorzeichen. Mit keinem anderen Volk sind wir Deutsche mittlerweile so eng verbunden wie mit den Türken. Weder Amerikaner noch Engländer, weder Franzosen noch Russen oder Spanier leben zu Millionen bei uns. Und der Anteil der türkischstämmigen Bevölkerung wird wohl noch ansteigen. Doch unser Wissen ist noch immer vergleichsweise lückenhaft und bescheiden, nicht nur auf dem Felde der Literatur. Und dies gilt – auch das werden wir im Folgenden thematisieren – natürlich auch umgekehrt, obwohl die Türken schon länger ein großes Interesse an Deutschland und an der deutschen Kultur praktizieren, als das umgekehrt der Fall ist. Die beiden letzten Essays werden sich deshalb zwei Literaten widmen, die bevorzugt als türkische Vermittler zwischen Deutschen und Türken hervorgetreten sind. Ein Volk, eine Nation wie die Türken, die derart einschneidende Veränderungen ihrer Lebenswirklichkeit erlebt haben, müssen – über die normale menschliche und philosophische Ader hinaus – auch ein ganz besonderes Verhältnis zur *Zeit* und auch zu allem, was mit ihr zusammenhängt, haben. So stehen in unserer Arbeit nicht ohne Grund einige Dichter im Vordergrund, denen die Zeit und die ihr zugehörigen Kategorien Vergänglichkeit, Kontingenz, Wandel und Veränderung, Flüchtigkeit des Werdens, Seins und Vergehens besonders wichtig gewesen sind.

*

Anverwandlung einer Dichtung

Türkische moderne Poesie: Zwischen Aufbruch und Vollendung

Wie bei so vielen der drastischen Veränderungen, welche die Türkei im vorigen Jahrhundert erlebte, stand auch bei der Anverwandlung zeitgenössischer Poesie, ihrer Inhalte und Formen durch türkische Dichter Europa Pate. Diese Entwicklung ist noch nicht einmal hundert Jahre alt, sie datiert ungefähr um die Mitte der zwanziger Jahre des 20. Jahrhunderts, als – nach Vorläufern in der späten Epoche des Sultanats – unter dem Einfluss west- und osteuropäischer Dichter der Freie Vers (vers libre) in die türkische Lyrik Einzug hielt. Insbesondere der russische Symbolist und Avantgardist Wladimir Majakowski (1893–1930) ist da zu nennen, der den blutjungen Nâzim Hikmet (1902–1963) – wir werden ihn in diesem Kapitel ein wenig kennenlernen – mit seiner unabhängigen Verskunst bekannt machte und begeisterte. Doch auch in der englischen und französischen oder deutschen Lyrik hatte der Reim vielfach ausgedient und wurde durch freie Rhythmen ersetzt.

In der spätosmanischen Poesie hatten manche Dichter gelegentlich freie Zeilen, den sogenannten „freien Zusetzling“ (serbest müstezati) in ihre Verse eingefügt, doch nun wurden frei schwingende Zeilen das tragende Element der innovativsten Dichtung. Es war ein Element, das trotzdem nicht ohne Kunstfertigkeit war, denn an die Stelle festgefügter arabischer oder türkischsilbiger Versfüße und traditioneller Reime traten Assonanzen und rhythmische oder rhythmisierte „Sprachmotive“, durchaus der Musik und ihrer Motivik vergleichbar. Dabei zeigte sich, dass die neu errungene Freiheit der Dichter auch die türkische Sprache befreite. Das herkömmliche quantitative Korsett der arabischen und persischen Versmaße (aruz) mit ihrem Wechsel von Längen und Kürzen hatte dazu geführt, dass die klassischen Poeten der Türken immer mehr arabische und persische Wörter verwendet hatten, um dieses poetische Maß den Regeln gemäß korrekt auszufüllen.

Dieser Zwang entfiel nun mehr und mehr. Und innerhalb weniger Jahre errangen Poeten eine Meisterschaft, die sie zu Vorbildern für andere Dichter werden ließen.

Ein Poet der jüngeren Generation, Sunay Akın, hat diese neuen Meister der Nachahmung, diese neuen Vorbilder, die jedoch schon einen eigenen, individuellen Ton fanden, paradigmatisch benannt und in einem kurzen Gedicht mit dem Titel „Interpoetische Zeilen" als Vorbilder gefeiert:

Sunay Akın (geb. 1962)

Interpoetische Zeilen

Das Boot mit Namen Nâzim Hikmet
Pflügt durch den Asphalt,
der den Hafen von Saladschak
vom Meer trennt, auf die Gefahr hin,
dass es sinkt – um der Freiheit willen.

Das Boot mit Namen Can Yücel
Bläst ein aufrührerisches Horn,
Den Kriegsschiffen ins Gesicht
Und trägt Flaschen, mit Raki gefüllt,
Als Rettungswesten.

Das Boot mit Namen Attilâ Ilhan
Zerschneidet die Wasser mit Wonne,
Dieweil dort Liebende sind, sich küssend,
An Deck zündet seine Zigarette an
Ein Killer, kalt, im Gegenwind.

Das Boot mit Namen Edip Cansever
Kreuzt hin und her
Zwischen den fernsten Häfen des Bosporus,
unter den Lichtern der Hotels,
Die sich im Wasser spiegeln.

Das Boot mit Namen Orhan Veli
Bringt hastende Menschen heim,
Und Möwen picken eilig
Die Brotstückchen auf,
Von der Reling geworfen.

Das Boot mit Namen Cemal Süreya,
Wenn es sein helles Kleid anhat,
Stößt eine dünne Wolke von Rauch aus,
In der Dämmerung, und bittet
Den Leander-Turm zum Tanz.

In neuer Sprache: eine poetische Wiedergeburt

Der zeitgenössische Lyriker Sunay Akın, aus Trabzon am Schwarzen Meer stammend, gibt in diesem „interpoetischen" Gedicht ein Tableau der bedeutendsten Dichter der modernen Türkei – jedenfalls aus seiner fortschrittlichen, nicht-traditionsgebundenen Sicht. Dies mag als Einstieg und Einstimmung für die nachfolgenden Dichter und ihre Werke besonders geeignet sein. Es ist eines der wenigen Gedichte, die ich nicht aus dem Türkischen, sondern dem Englischen übertragen habe, aus einer von Ateş Orga, dem Sohn des bekannten Autobiographen İrfan Orga (1908–1970, „Das Haus am Bosporus"), herausgegebenen Gedicht-Anthologie über Istanbul (Istanbul. A Collection of the Poetry of Place, London 2007).

Betrachten wir die in diesen Zeilen gefeierten Poeten im Einzelnen: Weltbekannt wurde Nâzim Hikmet, der sich zum Revolutionär der türkischen Poesie schlechthin entwickelte, weil er mit den althergebrachten Formen der osmanisch-persischen Lyrik brach, unter dem Einfluss der europäischen Moderne und auch des sozialistischen Realismus, dem er sich freilich niemals sklavisch hingab. Dazu war er zu sehr Poet und auch zu emotional. Freilich spielen die einfachen Menschen und die „Proletarier" bei diesem Kommunisten, der über Bulgarien in die Sowjetunion flüchten musste, eine herausragende Rolle. Als Mitglied der Kommunistischen Partei, der mit dem bürgerlichen Reformkurs Kemal Atatürks gebrochen hatte, wurde er vom Staat verfolgt und bis zum Jahre 1950 von Gefängnis zu Gefängnis geschleppt. Sein „Vergehen" hatte in Gedichten bestanden, die der kemalistische Staat als „Hochverrat" bewertete. Sein poetisches Werk war ein einziger Aufbruch. Hikmet ist so bekannt, dass an Sekundärliteratur über ihn und sein Schaffen kein Mangel herrscht.

Bekannt ist auch Can Yücel (1926–1999), der Sohn des ehemaligen Erziehungsministers Hasan Ali Yücel (1897–1961). Und dies gilt auch für Attilâ Ilhan (1925–2005), der in seinen Romanen und Gedichten oft in die Geschichte zurückblickt. Auch Ilhan war politisch ein Linker und entschiedener Säkularist, der sich in vielen Essaybänden auch zu Fragen der Gesellschaft und des „Atatürkismus" (Atatürkçülük) geäußert hat. Edip Cansever (1928–1986) und Cemal Süreya, mit dessen Gedichten wir die folgenden einleiten werden, sind zwei Poeten ganz eigenen Charakters, die schwer festzulegen sind, wenn sie auch aus der Schule der ikinci yeniler („Zweiten Neuen") hervorgegangen sein mögen. Die „Zweiten Neuen" reagierten bereits auf die poetischen Revolutionen der „Ersten Neuen", die ganz unterschiedlich ausfielen. Ein Solitär ganz und gar ist dann Orhan Veli Kanık (1914–1950), der Lakoniker und Sprach-Reduktionist der modernen türkischen Dichtung, dessen Werk ebenso revolutionär gewesen ist wie dasjenige Hikmets. Freilich: Orhan Veli war in erster Linie ein Melancholiker, dem der optimistische revolutionäre Elan des „Sturmvogels" Hikmet eher fremd gewesen ist. Sunay Akın versucht in seinem Gedicht, in je einer Strophe die berühmten Poeten auf einen – ihren – Punkt zu bringen und sie damit auf knappste Weise zu charakterisieren.

Die türkische Dichtung hatte sich die Moderne angeeignet, ja *anverwandelt* und in Gestalt dieser Poeten, denen man freilich manch andere hinzufügen könnte, auf ihre eigene Weise zur Vollendung gebracht. Hikmet und Veli öffneten gewissermaßen eine Schleuse, durch die jene jungen Dichter, die ihnen nachfolgten, voller Selbstbewusstsein hindurch strömten.

Wir beginnen mit einigen Versen von Cemal Süreya und zeigen dann jene Dialektik auf, die schon im Werk Hikmets, wie wir sehen werden, mit seinen verschiedenen Entwicklungsstufen waltet, jedoch die gesamte moderne Poesie der Türken zwischen Vergangenheit, jeweiliger Gegenwart und Zukunft durchzieht.

Cemal Süreya (1931–1990)

Üstü kalsin / Der Rest ist für Dich

Sterben werd' ich, mein Gott
So ist es nun einmal.

Jeder Tod kommt zu früh
Das weiß ich, mein Gott.

Jenes Leben aber, das Du nimmst,
Schlecht ist es nicht …

„Stimmt so, der Rest ist für Dich".

Hükümet / Regierung

Diese Regierung
Verweigert Pir Sultan den Pass,
Das haben wir verstanden.

Auch Yunus Emre
Gibt sie keinen Ausweis,
Auch dies verstanden wir.

Doch diese Regierung
Gab zudem einen Erlass heraus,

Dass Karacaoğlan
Noch nicht einmal einen Bus besteigen dürfe.

Fotoğraf / Fotografie

Drei Personen an der Haltestelle:
Mann, Frau, Kind.

Der Mann: die Hände in der Tasche,
Die Frau hält an der Hand das Kind.

Der Mann ist so traurig
Wie traurige Lieder sind.

Die Frau ist so schön
Wie schöne Erinnerungen sind.

Das Kind:
So traurig wie schöne Erinnerungen,
So schön wie traurige Lieder.

Das erste Gedicht ist eine ins Metaphysische weisende Variation der türkischen Redewendung „üstü kalsin", die unserem „Stimmt so" entspricht, wenn man einem Kellner beim Bezahlen das Restgeld belässt. Cemal Süreya vergleicht so das Leben mit dem Aufenthalt in einem Gasthaus, ohne dies ausdrücklich zu erwähnen. Es ist ein in der orientalischen Poesie vertrautes Bild, eine bekannte Assoziation, die jeder hat, sofern er sich mit Dichtung auskennt. Schon die osmanischen Anakreontiker verwendeten dieses Bild vom *meyhane,* dem Weinhaus, oder der Herberge, *han,* in welcher der Mensch nur Gast ist, bis er beides verlässt. Gott wird als „Wirt" (hanci) bezeichnet, der Mensch als Reisender (yolcu), der eine Zeit lang die Welt als Herberge bewohnt und sie irgendwann verlässt. Doch das Sterben, der immer zu früh kommende Tod, ist sozusagen das *Restgeld,* das der Wirt zwar nicht fordert, aber der Dichter ihm gerne gewährt. Er erklärt sich mit Gott und seinem Ratschluss einverstanden. Ein türkischer Schlager variiert dies mit den Worten: *Sen hanci ben yolcu, böyle imiş kader …* (Du bist der Wirt, ich der Reisende / So hat es das Schicksal bestimmt …)

Es ist ein bemerkenswert frommes Gedicht, wenn man bedenkt, dass es von einem modernen türkischen Lyriker stammt.

Im nächsten Gedicht spielt Süreya mit Assoziationen an die anatolisch-mystische und poetische Tradition. Pir Sultan Abdal (16. Jahrhundert), Yunus Emre (13./14. Jahrhundert) und Karacaoğlan (1606–1689) sind drei „Volksdichter" im höchsten und besten Sinn des Wortes, deren aus der anatolischen, volksislamischen Mystik geborene Weltsicht mit der unterdrückerischen Praxis der Regierung kontrastiert. Lebten sie heute, bekämen sie keine offiziellen Papiere, so vermutet der Dichter, ja Karacaoğlan, der volkstümlichste von ihnen, dürfte sich noch nicht einmal innerhalb des Landes bewegen, sondern würde verbannt.

Solch ein innertürkisches Exil gab es nicht nur in der Epoche der Osmanen, sondern auch noch in republikanischer Zeit, wo man dieses Mittel, die Verbannung innerhalb des Landes, bevorzugt gegen Intellektuelle, Schriftsteller und Dichter zumal, verhängte. Insbesondere gilt dies für die Zeiten der Interventionen durch das Militär, da Hausarreste an der Tagesordnung waren. Pir Sultan Abdal wurde im 16. Jahrhundert ein Opfer der sunnitischen Orthodoxie, da er als Alevit auch als politisch aufmüpfig und gesellschaftlich gefährlich angesehen wurde. Man richtete ihn hin. Zuvor hatte der Sufi-Dichter Yunus Emre bereits in volksnaher Sprache und populärer dichterischer Form die mystische, innere Frömmigkeit gegenüber der offiziellen Gesetzesfrömmigkeit des Reiches gefördert und gepriesen. Dies missfiel den einflussreichen Theologen und Rechtsgelehrten des Islam. Und ein Gleiches gilt für die volksnahen Verse Karacaoğlans; er ist gewissermaßen das Musterbild eines jener anatolischen Volkssänger (ozan), deren ungekünstelte Religiosität bis heute populär ist und immer wieder Nachahmer findet. Die alevitische Minderheit der Türkei, etwa zwanzig Prozent der Gesamtbevölkerung, wird bis heute diskriminiert. Sie hat sich aus dem heterodoxen Schiitentum, der sogenannten Siebener-Schia, heraus entwickelt, mit eigenen Gründern, wie Haci Bektasch-Veli und Balim Sultan, und eigenen Schriften und religiösen Riten, die von den Zwölfer-Schiiten teilweise radikal abweichen. Noch heute ist das Verhältnis zwischen dem sunnitischen Mehrheits-Islam und dem Alevitentum gespannt bis feindselig. Im Allgemeinen unterstützen die Aleviten die politische Linke, sind stark kemalistisch gesinnt und treten für eine strikte Trennung von Religion und Staat/Politik ein. Viele Elemente des orthodoxen sunnitischen wie schiitischen Islam lehnen sie ab, vor allem das religiöse Gesetz Şeriat. Islamische Elemente sind mit christlichen und wohl auch Elementen vermischt, welche die nach Anatolien aus dem Osten, aus Persien und Transoxanien eingewanderten Turkmenstämme aus Mittelasien mitgebracht hatten. Im Kapitel über den Volksdichter Aşık Veysel werde ich auf diesen Themenkomplex noch einmal zurückkommen.

Das dritte Gedicht enthält etwas von der beabsichtigten, kunstvollen Lakonik eines Orhan Veli. Es scheint trivial, ohne es zu sein, denn es deutet in der beliebten Manier, eine Fotografie zu interpretieren, Lebensschicksale aus. Schönheit und Trauer, Melancholie, machen das Leben aus, sind jedoch auch poetische Geschwisterpaare, in allen Dichtungen und Literaturen der Erde. Melancholie (hüzün) gilt vielen als ein Charakteristikum der Istanbuler Mentalität. Diese melancholische Lakonik prägte eine ganze Dichterschule seit den vierziger Jahren des vorigen Jahrhunderts, sie nannte sich „Garip" („fremdartiges Dichten"). Die Kunst der „Garip"-Dichter, der „Ersten Neuen", zu denen man sie rechnet, bestand darin, besonders kunstlos im herkömmlichen Sinn, „unpoetisch" zu sein. Dies spürt man auch bei diesem bewusst einfach gehaltenen Gedicht mit seinen simplen Zeilen. „Garip" war die totale Antithese zu den überladenen, von Bildern, Sprachspielen und Metaphern überfrachteten Gedichten in osmanischer Zeit – nüchterner auch als die Verse der ersten Reformer des neuen türkischen Schrifttums, sodass viele der Leser Schwierigkeiten hatten, diese Lyrik überhaupt als Lyrik zu empfinden. „Das sind doch gar keine Gedichte", war eine der ersten Reaktionen auf diese provokanten Verse.

Güzel / Schön

Hier, siehe, deine Hände, dort deine Füße,
So lieblich sind sie, noch lieblicher wär' unmöglich.
Und hier dein Haar, aufgelöst seit dem Abend.

Hier, siehe, bist du, mein Liebling, Körper und Seele,
Und das da – das Bett unter uns:
Bis zur Dämmerung schliefst du mit mir.
Höre, nichts lügt in mir, Gott ist mein Zeuge,
So lieblich bist du, noch lieblicher wär' unmöglich.

Und hier, siehe, sind deine Augen,
Ihre Winkel ganz dem Leben zugewandt.
Gut, dass es sie gibt, was hätt' ich sonst getan?
Siehe, mein Kind, hier deine Arme,
Kein Geheimnis birgt unser Tag, keine Pause.
Um acht Uhr morgens dämmern deine Augen mir zu,
Wenn wir auch sündigten, dann beide zu gleichen Teilen.

Und hier, siehe, besonders deine Lippen,
Sie sprechen und küssen auf ihre Weise.
Zart mein erster Kuss, den ich dir gab.

Auf dem Boot fuhren wir, am Strand entlang,
Drei Faden nur von Istanbul entfernt.
Ich beugte mich über dich, küsste dich,
Ganz nahe schwammen die Fische vorüber.

Dieses Gedicht Cemal Süreyas zu interpretieren, erübrigt sich, denn es spricht eine ganz unmittelbare poetische Sprache, deren Inhalt klar ist: eine Liebensnacht. Der Liebhaber betrachtet seine noch schlafende Geliebte und erinnert sich daran, wie alles begann. In den letzten Zeilen wird durch eine überraschende Wendung deutlich, dass die Stadt Istanbul einbezogen wird. So handelt dieses Gedicht auch, wieder einmal, vom Bosporus, auf dessen Wassern sich die Liebe ereignete. Solche poetische Parallelen kannte schon die alte osmanische Dichtung in Form ihrer Anakreontiker, die die Liebe, beileibe nicht nur die mystische, auch mit Istanbuler Plätzen in Verbindung brachten. Bis heute sind Gedichte, die sich geographischen Plätzen, historischen Orten widmen besonders beliebt bei den Dichtern der Türkei.

Ich möchte sie „Gedichte *der Raumzeit*" nennen, nach Albert Einsteins Entdeckung des Raum-Zeit-Kontinuums, das unsere herkömmliche Vorstellung von einem absoluten Raum und einer absoluten, linear ablaufenden Zeit abgelöst hat. Das *Verrinnen* der Zeit (zaman) in Leben (hayat) und Geschichte (tarih) mit allen alltäglichen wie mystischen, das Überzeitlich-Räumliche (Transzendenz) anstrebenden oder bezweifelnden und leugnenden Elementen ist ein Charakteristikum der türkischen Dichtung.

Ein dafür besonders charakteristischen Beispiel ist die folgende Hymne auf die Weltstadt am Bosporus, einen historischen Ort erster Güte, in dem die Zeit und Schicksale der Menschen besonders präsent erscheinen.

Bedri Rahmi Eyüboğlu (1913–1975)

Istanbul Destani / Istanbul Saga

Sage Istanbul, und eine Seemöwe fällt mir ein,
Zur Hälfte Silber, zur Hälfte Schaum,
Zur Hälfte Fisch, zur Hälfte Vogel.
Sage Istanbul und ein Märchen fällt mir ein:
„Es war einmal … in uralter Zeit …"

Sage Istanbul, und der Dampfer Güldschemal fällt mir ein,
Dessen Lieder man singt in den lehmgebackenen Häusern Anatoliens,
Milch fließt aus allen seinen Wasserhähnen,
Rosen sprossen an seinen Masten auf,
Meine Kindheit in einem lehmgebackenen Haus Anatoliens:
Mit der Güldschemal geht's ab nach Istanbul,
Mit der Güldschemal kehrt man wieder zurück.

Sage Istanbul, und winzige Weintrauben fallen mir ein,
In Schehzadebaschi, gegen Abend, erhellen drei Kerzen den Korb;
Plötzlich ein Mädchen, unverschämt fraulich wie keins,
Ein Körper, für den ich mein Leben gäb'

Ihre Lippen reif wie zuckersüßer Honig,
Von Kopf bis Fuß zur Lust nur geboren,
Südwind, Weidenzweig und Freudentanz;
Aus einem Weinkeller kommend, macht sie dich trunken,
In Schehzadebaschi gegen Abend,
So wie das Lied sagt: „Wie ein Boot auf offenen Meer
Wird mein Herz geworfen hin und her."

Sage Istanbul, und der Große Basar fällt mir ein.
Die Neunte Symphonie Beethovens und der Türkische Marsch
Hand in Hand;
Und eine unbefleckte Brautbett-Garnitur
Wird versteigert, ohne die Braut und den Bräutigam,
Eine bauchige Laute, mit Perlmutt eingelegt,
Erinnert an Dschemil Bey, den Tamburspieler, auf seiner alten Platte;
Schwingende Kronleuchter, Tschibuks und rostige Perser-Schwerter.
Amerikanische Cowboys, die „Hände hoch!" drohen,

Amerikanische Matrosen in schneeweißen Uniformen,
Wie von großen Gänseblümchen gepflückt, rein wie Milch und
weiß wie die Wolken:
Hässlich erscheint der Tod auf solch einem reinen Weiß,
Doch wenn sie dann einmal kämpfen,
Ziehen sie eine ganz andere Kleidung an:
Farbe von Blut, von Pulver und Rauch,
Den Hass nehmen sie auf, nicht den Staub.

Sage Istanbul, und ein großes Fischernetz fällt mir ein,
Gleich einer rostigen Spinnwebe über die Bosporus Orte gebreitet,
Oder wuchernd an der Küste des Marmara-Meers.
Vierzig Thunfische zappeln darin, wie vierzig Mühlsteine,
Der Thunfisch ist, trotz allem, der König der See:
Ins Auge musst du ihn schießen, ihn fällen wie 'nen Baum,
Dann wird des Fischers Gesicht von Blut ganz braun,

Die smaragdenen Wasser werden trüb im Gestrudel.
Mit vierzig Thunfischen am Kliff ist der Fischer wie verzaubert.
Eine Möwe thront auf dem Mast, verschlingt eine Makrele,
Fliegt auf dann, ohne auf die anderen zu warten.
Da lächelt der Fischer süß und voller Huld:
„Die Möwe Emma ist's, die macht es immer so."

Sage Istanbul, und die Prinzeninseln fallen mir ein,
Wo die französische Sprache ermordet wird
Von sechzig Jahre alten Matronen, aufgetakelt wie die Hölle.
Wenn nur der einsame Pinienbaum reden könnte
Über all die Tändeleien der Burschen mit den Mädels!

Sage Istanbul, und Türme fallen mir ein:
Eifersüchtig ist der eine, wenn ich den anderen male.
Jener Leander-Turm sollte es doch besser wissen,
Den Galata-Turm heiraten und einen Haufen Kinder mit ihm haben.

Sage Istanbul, und Tophanes Uferstraße fällt mir ein:
Anatoliens Arme, von Gott verlassen, landen hier an,
In den Kaffehäusern, jeden Tag, den Gott werden lässt,
Einige müssen betteln gehen, um zu überleben, doch Scham
Hält sie alle ab davon, doch manche
Werden wenigstens Straßenkehrer, ihre Gesichter
Gezeichnet von einem schmutzigen, muffigen Grinsen,
Andere schultern einen Korb oder Tragesattel,
Gehen verloren im Tumult und Gewirr dieser Stadt.

Sage Istanbul, und ein Stadion fällt mir ein,
wo fünfundzwanzigtausend Stimmen unter praller Sonne
Unsere Nationalhymne singen, im Chor unisono.
Und die Wolken abgefeuert werden wie Kanonenkugeln.
Ich schmelze dahin im Sonnenlicht der Menge,
Erfreue mich an ihrem Gesang;

Pflücken würd' ich mein Herz, einer Mohnblume gleich,
Bäte man mich denn darum.

Sage Istanbul, und ein Stadion fällt mir ein,
Wo mein Blut in den Adern meiner Mitmenschen strömt,
Schulter an Schulter schreien wir uns heiser,
Schwenken unsere Mütze.
Ist der Linksaußen nicht ein sicherer Schütze?

Sage Istanbul, und Yahya Kemal fiel mir früher ein.
Jetzt ist's Orhan Veli, der auf jeder Zungenspitze tanzt,
Seine Stimmung, seine Aura, seine Gedichte und sein Gesicht
Schweben über uns wie eine verwundete Taube,
Die herabsteigt, um über dieser Dichtung zu thronen.
Weißt du nicht wo? Schau nur hierher, Du findest sie so!

Sage Istanbul, und Sait Faik fällt mir ein,
Am Strand von Burgas-Eiland wächst ein Junge mit blauen Augen auf,
Ein alter Fischer mit blauen Augen wird jünger und kleiner:
Wenn sie dieselbe Größe erreicht haben,
werden sie beide schließlich zu unserem Sait,
Schlendern durch die Stadt, zusammen und Hand in Hand,
Schimpfen auf die Biester, die Vögel, auf Freund und Feind gleichermaßen,
Auf Sivriada sammeln sie die Eier der Möwen auf.
Um Mitternacht sind sie im Rotlichtviertel,
Streifen durch die Gassen Galatas bis zur Morgenstunde.
Im Café „Maytaba" treffen sie auf einen harmlosen Verrückten,
„Hallo Hassan", rufen sie, „du hältst die Zeitung ja verkehrt herum!",
Sie zünden das Blatt dieses armen Irren an,
Dann setzen sie sich hin und weinen stumm.

Sage Istanbul, und Sait Faik fällt mir ein,
Auf seinem Stein, seiner Erde sitzend, badend in seinem Meer,
Und immer mit den Besitzlosen Seit' an Seit'.

Sage Istanbul, und eine Zigeunerin fällt mir ein:
Mit einem Blumenstrauß, der größer ist als sie,
Von Sariyer kommend, auch von Pendik her,
Kurz und gut: woher auch der Frühling naht,
Von dort kommt immer auch sie,
Und Sonne und Erde ist sie, von Kopf bis Fuß,
Eine Mutter ohnegleichen unter anderen Müttern,
Ein Kind auf dem Rücken, ein andres an der Brust,
In ihrem Bauch dann das dritte, noch ungeboren.
Weder verrückt ist sie noch gar verdummt,
Strolcht durch die Stadt von einem Ende zum andern,
Sie gilt wenig, verkauft Scheren und macht Bauchtanz.
„Was hältst du von zwei Piastern, mein Lieber", sagt sie,
„Wenn ich dir dein Schicksal aus der Hand lese?"

Nur Lügen erzählt sie, bis zum Tag ihres Todes,
Was sie in der Nacht zuvor geträumt hat, erzählt sie dir:
„Eine gelbe Schlange und ich, der Hundesohn quält mich,
Ich wache auf – und was sehe ich?
Meine Kleinen am Ende des Betts, an meinen Fingern und Füßen saugend."

Sage Istanbul, und eine Textilfabrik fällt mir ein,
Mit langen Mauern, langen Bänken, langen Öfen.
Den lieben langen Tag arbeiten die Frauen dort im Stehen,
Unter Blut, Schweiß und Tränen,
Mit langen Gesichtern, langen Händen und an langen Tagen.
Die Fenster der Fabrik sind nur Oberlichter,
Töchter mit blutigen Fersen, hellen Gesichtern und konzentriert.
Die Bäume draußen alle in Reih' und Glied,
Wände, Wände und immer wieder Wände.
„Warum nur trennt ihr uns von den Bäumen,
Von den orangenfarbenen Feldern draußen, dem blauen Asphalt
Draußen, draußen, draußen,

Während die Jahreszeit in ihrem Gleichmaß wechselt?“
Eine neunzehnjährige Gülsüm aus Eyüp
Versinkt im weißen schaumigen Strom der Seide,
Doch bedruckte Seide taugt niemals für Windeln,
Nur, wenn sie elfenbeinfarbiges Calico bekäme,
Könnte sie es für vielerlei verwenden: Vorhänge, Betttücher,
Unterwäsche,
Allein der Gedanke an elfenbeinfarbiges Calico macht ihre
Augen glänzen.
Wenn Gülsüm bei der Geburt ihres dritten Sohnes stirbt,
Sehnt sie sich noch immer nach einem Ballen Calico.
Junge Mütter, wie Gülsüm, sind im Dutzend billiger zu haben,
Eine andere Gülsüm nimmt ihren Platz in der Fertigung ein,
So ist es nun mal: Eine Gülsüm geht, eine andere Gülsüm kommt,
Azrael, Todesengel, walte du deines Amtes!

Sage Istanbul, und ein Lastkahn fällt mir ein,
Beladen mit Zwiebeln, giftgrün und korallenrot gestrichen,
Von Samsun kommend, von Sürmene und Sinope, winters wie sommers,

Sage Istanbul, und ganz andere Kähne fallen mir ein,
Bescheidene Kriegsschiffe auf hoher See,
Mit Namen wie „Meeres-Tiger“ oder „Siegreiches Schwert“.

Sage Istanbul, und der große Baumeister Sinan fällt mir ein,
Seine zehn Finger ragen, riesigen Platanen gleich,
In den Himmel; bilden damit die Silhouette der Stadt.

Dann Reihe an Reihe die Slums, mit Schuppen und Hütten,
Wo Rauch sich ausbreitet, dazu Dreck und Schmutz,
Zwerge säugt unsre Heimat an ihrer gewaltigen Brust.

Diese Stadt ist’s, die um den Verstand dich bringt,
Von Orhan Velis Trinkglas bleibst du umringt.

Eine Hymne von homerischem Zuschnitt

Bedri Rahmi Eyüboğlus „Istanbul Destani" („Istanbul Saga") ist das vielleicht berühmteste Gedicht über die faszinierende Stadt am Bosporus überhaupt. Ich liebe diese schwingenden, musikalischen Verse über alle Maßen. An vielen Stellen dieses Hymnus merkt man, dass der Dichter auch Maler war, Farben und optische Eindrücke spielen darin eine herausragende Rolle. Und so bunt und farbig, wie Eyüboğlus Bilder waren, so farbig und unverwechselbar sind auch seine Verse und Sprachbilder, die sich dennoch nicht in der „Farbigkeit" alleine erschöpfen.

Die Istanbul Saga ist von geradezu homerischem Zuschnitt – nicht von der Länge her (die mir vorliegende Fassung hat 260 Zeilen), doch von ihrem historischen Zugriff, denn sie bildet nicht nur eine Stadt ab, die viele Male von Dichtern besungen worden ist, sondern ganze Zeitalter. Istanbul ist, seit seiner Gründung durch den Megarer Byzas, einen Griechen, und seine Leute zweitausendsiebenhundert Jahre alt. Und dennoch auch so modern wie kaum eine andere Stadt in der Türkei, Izmir vielleicht ausgenommen. Dessen Modernität freilich beruht darauf, dass es durch einen verheerenden Brand im Jahre 1922 weitgehend zerstört und danach wieder aufgebaut worden ist. Darüber, wer die Stadt angezündet hat, streiten Türken und Griechen bis heute. Auch in der Literatur.

Dieses Poem ist indessen ein Musterbeispiel dafür, wie durch Nâzim Hikmet, den Übervater der türkischen Dichtung, die türkische Poesie befreit wurde, ohne dass man sie völlig zerstören musste. Eyüboğlu verwendet den Freien Vers, dennoch ist das Poem auf eine ganz bestimmte Weise auch in Strophen gegliedert, wenn auch nicht im herkömmlichen Sinne. Sie beginnen jeweils mit der Formel „Istanbul deyince" („Sage Istanbul"), worauf ein für die Stadt charakteristisches Element dem Dichter einfällt (wörtlich: „in meinen Sinn, meinen Verstand kommt"). Und die Erwähnung jener Plätze und Namen, Gebäude und Einrichtungen ist geeignet, in jedem Kenner der Stadt gewisse Assoziationen zu wecken. Sie alle haben einen festen Platz in ihrem äußeren Gefüge, vor allem jedoch in ihrem Seelenhaushalt; denn diese große Hymne ist auf ganz besondere Weise ein Seelenporträt dieser Stadt, die der gebürtige Istanbuler natürlich kannte wie seine Westentasche.

Eine Zeit lang lebte er inmitten von Beyoğlu, an der Grande Rue de Pera, die heute Istiklâl Caddesi heißt und allabendlich erfüllt ist vom Lärmen und den Unterhaltungen der Flaneure; es ist das Herz des einstmals so multikulturellen Istanbul der verschiedenen Minderheiten, dessen Schlag auch heute noch zu hören ist, wenn auch sehr viel leiser. Doch der Istanbuler Kosmos reicht in diesem Gedicht von den im Marmara-Meer, der Stadt vorgelagerten Prinzeninseln (für die Istanbuler schlicht und einfach die adalar, die Inseln) bis hin zu den „süßen Wassern“ des Bosporus – ein poetisches Klischee auch dies.

Elemente, die weitgehend fehlen, sind die Symbole der Religion; nur ganz am Ende des Werks kommen die Moscheen Istanbuls zu ihrem Recht, als Eyüboğlu den genialen Baumeister Sinan ins Spiel bringt, auf den eine große Zahl gerade der am meisten beeindruckenden islamischen Kultbauten der Stadt zurückgeht. Die Minarette dieser großartigen Bauwerke werden jedoch sofort kontrastiert mit den Hütten der Armen in den „Gecekondular“, jenen berüchtigten Stadtrandsiedlungen, deren illegal errichtete Häuser von den Behörden geduldet wurden, weil die Menschen wenigstens ein bescheidenes Dach über dem Kopf hatten.

Ansonsten sind ihm auch die Stätten menschlichen Lebens und Arbeitens besonders wichtig, in einer Zeit, da die politische Linke in der Türkei sich stärker als zuvor zu regen begann. Die Fischer, die Textilarbeiterinnen, die Zigeuner geraten in seinem Gedicht in den Mittelpunkt der Aufmerksamkeit, und es ist auch kein Zufall, dass Eyüboğlu mit so vielen Versen bei einem Dichter wie Sait Faik verweilt. Nicht die osmanischen Hofdichter mit ihren prunkvollen Gedichten, die es in großer Zahl gibt, finden Erwähnung als literarische Repräsentanten der Stadt, sondern eben ein Poet wie Sait Faik (1906–1954), der sich in seinen an Anton Tschechow erinnernden Erzählungen und Kurzgeschichten, aber auch in seinen Gedichten der kleinen Leute annimmt. Der Zweite im Bunde ist Orhan Veli, ebenfalls ein berühmter moderner Sänger Istanbuls; auch ihn und sein Werk assoziiert der Dichter Bedri Rahmi mit der Stadt am Bosporus. Früher hingegen war es Yahya Kemal Beyatli (1884–1958), der an der klassischen Dichtung geschulte Neo-Klassizist, der das religiös-historische Istanbul der Sultane feierte; doch dessen Zeit ist nun vorbei.

Talât Sait Halman (1931–2014), Dichter und Übersetzer, nennt die Istanbul Saga Eyüboğlus ein „Brucknerartiges Epos“ (Brucknerian epic). Mit diesem Urteil bezieht er sich wohl nicht auf die Länge allein, sondern auch auf die symphonieartige Form des Ganzen. Inhaltlich findet, wie bei einer Bruckner-Symphonie, ein Aufstieg statt von der Natur (Möwe) über die Welt des Menschen (Fischer, Textilarbeiterinnen, Dichter, Zigeuner) bis zu Gott (den weltberühmten Istanbuler Moscheen Sinans). Kaum wiederzugeben im Deutschen sind die ungezählten Assonanzen und Binnereime, die diese Verszeilen lebendig machen, und auch den schwingenden Rhythmus kann man nur schwer in einer fremden Sprache einfangen. Im Unterschied zu vielen europäischen Sprachen sind im Türkischen die Silben annähernd gleich lang, es fällt daher schwer, das poetische Prinzip eines Wechsels von Längen und Kürzen, das wir im Deutschen kennen, etwa im Jambus, zu vermeiden. Doch im türkischen Duktus klingt das Gedicht ein wenig anders.

Nâzım Hikmet (1902–1963)

Mit Nâzim Hikmet, wir sagten es schon, wird die türkische Dichtung endgültig modern, und sie wird auch endgültig zu Weltliteratur. Das größte Dichter-Genie der Türkei im 20. Jahrhundert schafft in seinen Werken einen Kosmos menschlicher Befindlichkeit, der zwischen der Enge und Gefangenschaft der Menschen in überlebten repressiven Traditionen bis zum utopischen Durchbruch hin zu einer befreiten, doch brüderlichen Existenz reicht, der die Geschichte ebenso umfasst und integriert wie die Gegenwart und Zukunft. Mag Hikmets Utopie, wie der gesamte, auf Marx sich berufende Kommunismus auch Geschichte geworden sein – seine Werke bleiben. Und auch die von ihm immer wieder beschworene und geforderte Freiheit ist etwas, das jenseits überholter ideologischer Festlegungen immer wieder erkämpft und erarbeitet werden muss.

Die Geschichte, im folgenden Gedicht durch einen Baum symbolisiert, macht dies nur allzu deutlich:

Ceviz ağaci / Der Walnussbaum

Meine Krone ist eine schaumige Wolke,
innen wie außen bin ich Meer,
Ich bin ein Walnussbaum im Park von Gülhane,
Ein alter Walnussbaum mit Knorren und Schrammen,
Du weißt es nicht, die Polizei weiß es nicht.

Ich bin ein Walnussbaum im Park von Gülhane,
Meine Blätter glänzen wie ein Fisch im Wasser,
Meine Blätter flattern wie Taschentücher aus Seide:
Brich ein Blatt, mein Liebling, trockne deine Tränen damit.
Meine Blätter sind meine Hände – hunderttausend habe ich davon,
Dich, Istanbul, berühre ich mit meinen hunderttausend Händen.
Meine Blätter sind meine Augen, sie erschrecken darüber,
was sie zu sehen bekommen.
Dich, Istanbul, betrachte ich mit hunderttausend Augen,
und meine Blätter schlagen, schlagen
mit hunderttausend Herzen.

Ich bin ein Walnussbaum im Park von Gülhane,
Du weißt es nicht, so wenig wie die Polizei.

Genç Kalemler / Von alter zu neuer Feder

Ein Gedicht, in dem Hikmet einen alten Walnussbaum zum sprechenden Subjekt der Geschichte macht. Er steht im Park von Gülhane, der hier als das Zentrum von Macht und Herrschaft zu sehen ist, denn in ihm erhebt sich der Topkapi-Serail, Jahrhunderte lang Sitz der osmanischen Sultane und ihres bisweilen zwar glanzvollen, doch auch despotischen Regiments. Aber Gülhane steht auch für die Reformpolitik seit dem Erlass von Gülhane 1839, welchem der Dichter Nâzim Hikmet freilich genauso skeptisch und ablehnend gegenübersteht wie den „bürgerlichen" Reformen, die zu seiner Zeit von den

Kemalisten ins Werk gesetzt wurden. Auch ihre Herrschaft war nach seiner Auffassung eine ungerechte, denn Hikmet war Marxist und strebte die klassenlose Gesellschaft an. Bis heute ist Hikmet der Heros der türkischen Linken, doch auch nicht linksgerichtete Landsleute schätzen sein Werk inzwischen, vor allem jene Werke, in denen er propagandistische Plattheiten vermeidet und „allgemeinmenschlich" spricht – im Namen der Armen und Entrechteten. Der Schöpfer der Türkischen Republik, Mustafa Kemal Atatürk, war gewiss ein überragender Politiker, doch wurde seine am Westen ausgerichtete säkulare Revolution, die tiefe Einschnitte für das türkische Volk brachte, im Laufe der Jahre immer autoritärer. Atatürk ließ Aufstände der Kurden und religiöser Kreise mitleidlos niederschlagen, sein Versuch, eine Oppositionspartei zu lancieren, scheiterte, als diese Partei auch Opposition betrieb. Die Haftstrafen, die viele Intellektuelle, wie Hikmet und seine Gesinnungsgenossen, auferlegt bekamen, gründeten häufig auf Vorwänden und an den Haaren herbeigezogenen „Vergehen". Das autoritäre Gebaren Atatürks ist bis heute die größte Schwäche der kemalistischen Parteien wie des politischen Lebens im Lande selbst – bis hinein in die Schulen und Hochschulen. Unter dem Präsidenten Erdoğan hat ein islamisch geprägter Autoritarismus einen kemalistischen Autoritarismus, der als Erziehungs-Diktatur konzipiert war, abgelöst.

Der Walnussbaum in Hikmets Gedicht ist der zeitlose Beobachter von Unterdrückung und Unfreiheit, von den Zeiten des Sultans bis in die Gegenwart.

Politisch ausgerichtet war Hikmet schon als blutjunger Poet, wie folgendes Gedicht zeigt:

Feryâd-i vatan / Vaterlands Hilferuf

Ein Morgen, noch von Nebel erfüllt.
Ein Rauch hatte die Welt eingehüllt:
Von fern eine Stimme, die um Hilfe brüllt.
Hör diesen Ruf, hör ihm gut zu,
Hör diesen Ruf ans Gewissen, ohne Ruh,
„Teilung des Vaterlands!" rufen sie laut,
Die Hoffnung erwartet dich,
dir ist sie anvertraut.

Dieses Jugendgedicht Hikmets aus dem Band „Erste Gedichte“ (Ilk şiirler) entstand am 3. Juli 1913 und bezieht sich auf den Balkankrieg, der für die osmanische Türkei in einem Desaster endete: Der Sultan verlor in beiden dieser Kriege alle europäischen Besitzungen mit Ausnahme des östlichen Thrakien um Edirne, auch Hikmets Geburtsstadt Saloniki (Selânik) ging verloren. Der Dichter war damals zwölf Jahre alt. Unter „vatan“ verstand man in jenen Tagen das osmanische Vaterland, wie es die Jungtürken unter dem Einfluss Namik Kemals (1840–1888) definierten. Später wurde Hikmet zum proletarischen Internationalisten, und das Proletariat wurde sein eigentliches Vaterland. Das Gedicht ist sprachlich noch von osmanischen Vorbildern beeinflusst.

Mevlâna / Mevlâna

Während ich meine Stirn mit der Mütze krönte,
Tilgte die Freude alle Bitternis aus meiner Seele;
In der Liebe fand ich die Arznei für mein Herz.
Auch ich bin dein Schüler, o Mevlâna.

Was mich an der Ewigkeit hindert, riss ich nieder,
Liebe fühlte ich von innen, fuhr zum Himmels-Thron auf,
Von Herzen wurde ich rein, erlangte den Frieden der Seele.
Auch ich bin dein Schüler, o Mevlâna.

Dies ist ebenfalls ein Jugendgedicht Hikmets, das dem großen Mystiker, Philosophen und Poeten Mevlâna Celâlettin Rumi (1207–1273) gewidmet ist. Dessen Liebesmystik inspirierte nicht nur viele Dichter der Türkei (und tut es heute noch), sondern führte auch zur Entstehung des Mevlevi-Derwischordens (den „Tanzenden Derwischen“) von Konya, deren mystischer Reigen (sema) die nach Auffassung der Platoniker unter den Sufis die im Kosmos waltende göttliche Liebe widerspiegeln soll. Sie verkörpert sich im Menschen, vor allem im Sufi, dem Mystiker, der sein Inneres „rein polieren“ muss, damit der Geist Gottes ihn erfülle. Die erste Zeile enthält eine Anspielung auf die hohe Filzmütze (kulah) der Mevlevi-Derwische.

Das Studium der Lehren Mevlânas sowie die poetischen Werke und Traditionen der Mevleviye gehörten zum Bildungsgut, das einem Jungen in jener Schicht von osmanischen Honoratioren, der Nâzim Hikmet entstammte, gründlich vermittelt wurde. Es sind zwei einfache Vierzeiler (rübai), die ebenfalls zum poetischen Formenbestand junger Dichter gehörten, bevor sie, wie Hikmet dies dann unternahm, in eigene poetische Welten aufbrachen.

Der aus der persischen Klassik stammende Vierzeiler, dessen berühmteste Musterbeispiele die Vierzeiler des persischen Dichters und Astronomen Omar Chayyam (1050–1123) wurden, eignete sich besonders zur Widergabe eines zugespitzten Gedankens, sodass die Rubais häufig so etwas wie „Gedankenlyrik“ boten. Klagen über die Flüchtigkeit und Kontingenz der Zeit wie des Lebens an sich, über die Ungewissheit des Schicksals und so weiter. Als Marxist war Hikmet später ein Gegner der Religion, wenn er auch die oft oppositionell ausgerichteten Widerstände islamischer „Ketzer“ gegen den Sultan und das herrschende System der islamischen Orthodoxie schätzte und für sein Werk fruchtbar machte. So geschehen zum Beispiel in seinem „Şeyh Bedrettin'in destani“ („Epos von Scheich Bedrettin“), in dem er den Opfertod dieses Volksmystikers und sozialen Revolutionärs feiert.

Im Alter von zwanzig Jahren, 1922, begann Hikmet endgültig, mit den alten Formen der osmanischen Dichtung zu brechen, und brach zu neuen poetischen Ufern auf. Europäische Dichter hatten begonnen, die gebundene Form der Gedichte aufzugeben und durch frei schwingende Zeilen zu ersetzen. Hikmet wurde ein Meister dieses Freien Verses (vers libre). Ein erster Aufenthalt in Moskau machte ihn mit Dichtern wie Wladimir Majakowskij bekannt, dessen formale Experimente ihn ebenfalls beeinflussten. Majakowskij war ein Meister der Assonanz und des „unreinen Reims“. Auch zerlegte er die Verszeilen in „Stufen“ und „Treppen“, eine poetische Technik, die sich auch Hikmet aneignete und zur Meisterschaft entwickelte. Ganz besonders in seinen umfangreichen, geradezu ausladenden Versepen.

Mevlâna, als dessen Adept sich der blutjunge Hikmet hier noch bezeichnet, ist ein gesamtislamischer Geist, dessen Familie aus dem heutigen Afghanistan stammte und über Syrien nach Anatolien einwanderte. Er schrieb seine Werke, den monumentalen Diwan, sowie sein „Mesnevi“ oder Spirituelles Versepos und theologisch-mystische Abhandlungen in persischer und arabischer Sprache, beides Idiome, die zu seiner Zeit – es war die Epoche der Seldschuken von Rum, die in Konya residierten – schon die Kultur beherrschten, obwohl die Seldschuken türkischer Herkunft waren. Doch Persisch hatte sich als Sprache des Hofes und der Dichtung schon durchgesetzt. Erst nach Mevlânas Tod begannen Mevlevi-Dichter in Anatolien wie im übrigen Osmanischen Reich gelegentlich auf „Türkisch", sprich Osmanisch zu schreiben. Sie begründeten eine besondere Ästhetik, die sie nicht nur durch ihre Dichter, sondern auch durch bedeutende Musiker wie Itri oder Ismail Dede Efendi in späteren Jahrhunderten weitergaben.

Völlig modern ist dann ein Gedicht wie das folgende, in dem keinerlei herkömmliche poetische Stimmung mehr vorherrscht. Keine Bilder und Metaphern, keine dichterischen Anklänge an Früheres mehr, sondern ein nacktes, nüchternes Sprechen:

Geldim Kaldim, güldüm, öldüm / Linien auf der Rückseite eines Fotos

Komm, sagte sie zu mir
Bleib, sagte sie zu mir.
Lächle, sagte sie zu mir
Stirb, sagte sie zu mir

Ich kam
Ich blieb
Ich lächelte
Ich starb.

Eines der kürzesten Gedichte Hikmets, das möglicherweise von der Nüchternheit und Lakonik Orhan Velis beeinflusst wurde. Velis spezieller Ton war allen vertraut, die sich mit türkischer Poesie beschäftigten. Selten auch wurde der bedeutendste Gehalt von Dichtung überhaupt – die Verknüpfung von Liebe und Tod – geraffter und „verdichteter" in Worte gefasst als in diesem Gedicht, das so unprätentiös daherkommt. Vielleicht sind diese Zeilen auch unbewusst beeinflusst worden von Caesars berühmtem Wort: „Veni, vidi, vici" – Ich kam, sah und siegte. Überhaupt ist Hikmets Dichtung dort am eindrücklichsten, wo sie nach Knappheit strebt und den Firnis der Ideologie einmal zugunsten des emotionalen Sprechens, des echten Gefühls abstreift. Musterbeispiele dafür sind die Gedichte, die er aus dem Gefängnis an seine Frau Pirayé geschrieben hat. Ebenso gilt dies für die meisten jener Gedichte, die in der langen Haft Hikmets entstanden sind, zuerst in Bursa, dann in Çankiri, Malatya oder Çorum, und in anrührenden Zeilen den Gefängnisalltag thematisieren. Ein Teil von ihnen ist in dem Band „Nâzim Hikmet Kemal Tahir'e mapusaneden mektuplar" („Briefe Nâzim Hikmets an Kemal Tahir aus dem Gefängnis"), bilgi yayinevi 1975, abgedruckt. Kemal Tahir (1910–1973), ein Romanschriftsteller und Erzähler, teilte auch die politischen Ansichten Hikmets. Gewissermaßen einen emotionalen Schub erlebte der Dichter im Jahre 1945, in welchem besonders innig gehaltene Verse entstanden sind, an die Ehefrau, aber auch an seinen Sohn:

23 eylül 1945 / 23. September 1945

Was macht sie jetzt,
                    in diesem Augenblick, gerade jetzt?
Ist sie zuhause, oder ist sie draußen?
Arbeitet sie, schläft sie, oder ist sie auf?
Vielleicht hebt sie ihre Arme in die Höhe
                    He, Du meine Rose.

Was macht sie jetzt,
                    in diesem Augenblick, gerade jetzt?
Vielleicht liebkost sie eine Katze …
Die auf ihren Beinen sitzt.
Vielleicht geht sie, macht gerade einen Schritt
        Deine lieben, allerliebsten Füßchen,
                    Die Dich immer zu mir bringen,
                                Wenn meine Tage schwarz sind.
Oder woran denkt sie?
        Möglicherweise an mich,

oder ob die Bohnen
        schon weich sind oder nicht?
        Oder warum die meisten Menschen so unglücklich sind.

Woran denkt sie jetzt,
        In diesem Augenblick, gerade jetzt?

Auch Hikmets Gedichte bestätigen die alte Wahrheit, dass Lyriker ihr Bestes leisten, wenn sie ganz unverstellt ihr Inneres preisgeben, in Freude und auch in Qual. Die vielen Briefgedichte gehören dazu.

Der große Dichter Nâzim Hikmet hat alle Gattungen der Literatur gepflegt und überall Gültiges geschaffen. Seine Versepen, etwa „Memleketimden insan manzaralari" (Menschenlandschaften aus meiner Heimat) oder „Kuvâyi milliye", das Epos des nationalen Befreiungskrieges, sind ebenso Klassiker wie etliche seiner Dramen, zum Beispiel „Ferhat ile Şirin" („Ferhat und Schirin"), das einen klassischen Stoff der persischen Epik aufgreift. Auch sein Roman „Yaşamak güzel şey be kardeşim" („Die Romantiker"), der von endloser politischer Verfolgung handelt, ist ein Klassiker der Moderne. Hikmet war Türke und Weltbürger, er griff Themen und Ereignisse aus allen fünf Kontinenten auf, vom spanischen Bürgerkrieg bis zu politischen Krisen in Asien und Afrika. Seine ureigenste Erfindung ist das, was ich die „lyrische Reportage" nennen möchte. Es sind „Reiseberichte", die sich in häufig ausschweifenden langen Versperioden mit der sozialen und politischen Lage eines Landes und seiner Bevölkerung beschäftigen; oder mit Städten wie Warschau, Moskau, Prag, Havanna, Rom, Baku, Tanganjika, Japan und so weiter. Natürlich ist das auch dem sozialistischen Internationalismus geschuldet, wie ihn auch Pablo Neruda und andere Dichter des Kommunismus predigten. Auch wer seine einseitigen antikapitalistischen Ansichten nicht immer teilt, wird angesprochen von dem Geist der Solidarität, der durch die Besten dieser Dichtungen weht.

Schwer erträglich hingegen sind jene Verse, die er der Kommunistischen Partei widmet, sei es der türkischen, sei es der sowjetisch-russischen, mit der er spätestens seit seinem ersten Russland-Aufenthalt in den zwanziger Jahren sympathisierte. Gedichte über und auf Parteitage; dort wird das leere Stroh der Propaganda gedroschen.

Absolute Meisterschaft freilich errang Hikmet in den größten seiner Gedichte, die in der Türkei so oft zitiert werden wie bei uns Goethe oder Schiller. Von geradezu brennender Aktualität ist ein Gedicht, das zu den am häufigsten übersetzten gehört. Auch ich habe es schon einmal übersetzt und will es nun noch einmal versuchen. Es trägt den Titel „Sark-Garp“ („Orient-Okzident“) und beschäftigt sich mit dem völlig einseitigen, von dem palästinensischen Intellektuellen Edward Said (1935–2004) gegeißelten romantischen Bild des Orients, das man seither als „Orientalismus“ bezeichnet. Zwar ist Saids vorwurfartige These nicht ohne Widerspruch geblieben, doch dass wir in Europa lange Zeit den Orient als eine Art Gegenbild und Landschaft seliger Träume und Wunschträume wahrgenommen haben, als sozusagen „ersatzbefriedigende Phantasmagorie“, wird man kaum bestreiten können. Hikmet rechnet jedoch in diesem langen Poem auch mit der Politik des Westens ab, die dieser seit vielen Generationen gegenüber dem Orient betrieben hat: eine Politik der ständigen Interventionen und der Fremdbestimmung. Der Dichter geht in diesem Poem durchaus auf konkrete Fakten der jüngeren Geschichte ein. Sein poetischer Widerpart ist Pierre Loti (1850–1923), einer der Unsterblichen der französischen Literatur, der als Marineoffizier lange den Orient bereiste und, wie Hikmet ihm vorwirft, dazu beigetragen hat, eben jenes romantische und damit einseitige bis falsche Bild des Orients zu zeichnen. Hikmets Gedicht trägt viel zur Erhellung dessen bei, was heute als „clash of civilizations“ bezeichnet wird und terroristische Formen angenommen hat.

Ich bringe den Anfang dieses Gedichtes, der schon all jene Versatzstücke und Konstrukte eines phantastischen Orients anspricht, der den Hintergrund für die Kolportage bildet, nicht allein in der einschlägigen Literatur, sondern auch in vielen Filmen mit einem sogenannten orientalischen Flair, das die Zuschauer in Massen angezogen haben mag, aber die Wirklichkeit des Orients verfehlt:

Şark-Garp / Orient-Okzident

„Geheimnis!
Gottvertrauen!
Kismet!

Haremsgitter, Herberge, Karawane
Brunnen in der Moschee!
Auf einem Silbertablett tanzende Sultane!
Maharadscha, Padischah,
Tausendundein Jahr alter Schah.
An Minaretten schaukeln Pantinen aus Perlmutt,
Frauen mit hennagefärbten Nasen
Sticken mit ihren Füßen an einem Rahmen.
Imame mit grünen Bärten
Rufen durch den Wind zum Gebet."
Dies ist der Orient, wie der fränkische Dichter ihn sieht,
Dies ist der Orient
Von Büchern, von denen pro Minute eine Million
Gedruckt wird.
Doch
Weder gestern
Noch heute
Oder morgen
Gab es solch einen Orient,
und wird's ihn nicht geben.
Der Orient:
Ein Stück Erde,
Auf welcher nackte Sklaven
Vor Hunger sterben,
Eine Heimat,
In der alles allen gehört,
Nur nicht denen, die sie bewohnen …

Selten ist das zerrüttete Verhältnis zwischen Orient und Okzident in der Zeit des Hoch-Imperialismus deutlicher dargestellt worden, zumindest nicht in einem Gedicht. Mit seinen zahlreichen Anspielungen auf die westliche Politik der Fremdbestimmung, die den hier zitierten Zeilen folgen, gehört dieses Poem zu den gelungenen Beispielen von Hikmets politischer Lyrik.

Orhan Veli Kanık (1914–1950)

Dieser Dichter, den Sunay Akın in seinem Gedicht mit Recht zu den Großen der neuen türkischen Poesie zählt, hat auf seine Weise ebenso für Aufsehen unter den Literaten gesorgt, wie Nâzim Hikmet, obwohl seine Dichtung von ganz anderer Art ist. Während Hikmet noch vom Pathos des Klassenkampfs getragen wird, selbst in Gedichten, die ganz unpathetisch sind, weiß Orhan Veli überhaupt nicht mehr, was Pathos ist, schon gar nicht das Pathos „hoher" Dichtung. Deshalb hat man seine Gedichte und die ganze Poetik-Schule, die aus ihnen entsprang als „Garip" (dt.: fremdartig, befremdlich) bezeichnet. Denn Traditionalisten fanden in Gedichten wie dem folgenden mit dem Titel „Keschan" gar nichts Poetisches mehr:

21.8.1942
Im Hotel „Zur Republik".
Welch schöne Nacht es war!
Gegen Morgen regnete es.

Die Sonne ging auf, der Horizont färbte sich blutrot,
meine Suppe kam, ganz heiß,
dann hielt der Lastwagen vor unserer Tür.

Mein Magen satt.
Mein Rücken stark,
gib mir deine Hand, Stadt Edirne.

Man kann das Befremden der Poesie-Liebhaber, die sich an magischen Sprachbildern und Metaphern ergötzt hatten, die den Reim gewohnt waren und in der Dichtung eine Art von Musik sahen, gegenüber solch nüchtern tagebuchartigen Zeilen schon verstehen. Doch Orhan Veli machte Schule mit diesen Versen, und die nüchterne Knappheit vieler Zeilen trug dazu bei, dass sie zu modernen Sprichwörtern wurden, die immer wieder vom türkischen Volk zitiert werden.

Can Yücel (1926–1999)

Yücel, in Istanbul geboren, sah sich in vielerlei Hinsicht als ein legitimer Erbe Nâzim Hikmets, nicht allein, was sein ästhetisches Konzept betraf, sondern auch seine politische Einstellung. Der in einer streng kemalistischen Familie aufgewachsene Dichter, sein Vater war unter Atatürk Bildungsminister und gilt als Schöpfer der „Volksinstitute", wandte sich der Linken zu, gleichzeitig pflegte er ein wenig das Image eines Rebellen und Vagabunden. In Ankara hatte er zunächst alte Sprachen studiert (Latein und Griechisch), setzte seine Studien dann in Großbritannien fort. Mit seinem wild wuchernden Bart glich er äußerlich immer mehr einem alten Zausel.

Seit 1950 publizierte er in rascher Folge, entweder jährlich oder im Abstand von jeweils zwei Jahren Anthologien mit seiner Lyrik. Seine Dichtung ist oft verschlüsselt, ähnelt in manchen ihrer hermetischen Zeilen schon dem Surrealismus, verwendet ganz ungewohnte Bilder. Andererseits gebraucht er auch Slang-Ausdrücke, die seiner linkslastigen Nähe zum Volk, seiner Nähe zum „Proletariat" geschuldet sind. Can Yücel verstand sich als radikaler Kritiker der herrschenden Verhältnisse in der Türkei vor und nach den jeweiligen Militärputschen (1960, 1971, 1980). Eine Zeitlang war er für die BBC in London tätig. Nach seiner Rückkehr in die Türkei siedelte er sich im Südwesten des Landes an, auf der Halbinsel Datça und in der Stadt Muğla.

In einem seiner berühmtesten Gedichte mit dem Titel „Aşk duvari" oder „Sevgi duvari" (Die Liebesmauer), ist Hochsprache mit einer gewissen Kaschemmen-Lyrik verquickt. Man fühlt sich bei diesem „Vagabunden" ein wenig an die französischen Poètes maudits erinnert: an Baudelaire, Rimbaud, Verlaine. Tavernen und der Genuss von Alkohol spielen bei Yücel eine gewichtige Rolle. Das Gedicht von der Liebesmauer existiert auch als eine populäre gesungene Fassung. Es wurde erstmals von der Frankfurter Literaturwissenschaftlerin und Übersetzerin Monika Carbe übertragen,

Ich bringe es in einer eigenen deutschen Fassung:

Sevgi duvari / Die Liebesmauer

Warst du es oder meine Einsamkeit?
In tiefer Finsternis öffneten wir die Augen
Verklebt noch, einen Fluch vom Abend auf unsrer Zunge
Fluch auf Galerien, Märkte, Kunstliebhaber
Den ganzen Tag über war ich bestrebt
Dich endlich unter Menschen zu bringen
An deinem Kragen eine Blume Ammoniak
Meine Einsamkeit, meine verpisste Gräfin
Je mehr wir verspottet werden, desto besser.

Kumkapis Kaschemmen suchten wir heim
Vor uns Schnaps von Altinbasch, Goldkette, Bohnentopf
Hinter uns Beamte, Gruppen, Hizir Paschas
Meinen Kadaver fanden sie morgens am Strand
So warm waren die Hände der Müllmänner
Dass du mich mit den Müllmänner-Händen gekost
Je mehr wir stinken, desto besser.

Ein Rot, ein Flugzeug sah ich am Himmel
Viel Stahl, viele Sterne, viel Menschen-Gewimmel
Eines Nachts sprangen wir über die Liebesmauer
Wo ich hinfiel, war's so klar, so hell
Dass Du an meiner Seite warst; und das Weltall
Unzählige Male starb und ich stand auf
Je mehr wir ohne Lüge leben, desto besser.

Eine schroffere Antithese zu gewöhnlichen „lyrischen" und erhabenen Liebesgedichten ist schwer vorstellbar. Antibürgerlich, gegen das Establishment, gegen die guten Sitten gerichtet, kann man sich dieses Gelage in Kumkapi sehr gut vorstellen, einem Stadtteil Istanbuls, der für seine Weinhäuser bekannt ist. Auf die Repression bezieht sich eine Verszeile wie „Hinter uns Beamte, Gruppen, Hizir Paschas". Hızır Paşa war jener Gouverneur, der im 16. Jahrhundert den alevitischen Dichter Pir Sultan Abdal aufhängen ließ. In der zweiten Strophe ist der Leser und Hörer des Gedichtes nahe an der Gosse. Die dritte Strophe allerdings kehrt zurück zu Versatzstücken des Poetischen: Das Rot am Himmel, ein Flugzeug (vielleicht an Stelle der Vögel) Menschen, die Liebesmauer, die Floskel „an meiner Seite", Weltall, Wahrheit.

Attilâ Ilhan (1925–2005)

Auch dieser moderne Poet war ein überzeugter Kemalist und Linker, dennoch ein Dichter, der sich für die Geschichte interessierte, vor allem für das Osmanische Reich und die Phase seines Zusammenbruchs. Ich habe ihn deshalb – wie auch Ilhan Berk – unter die „Historiker" in der modernen türkischen Dichtung gerechnet. Neben zahlreichen Sachbüchern zu Fragen des Kemalismus publizierte er Gedichtbände und Romane.

Dabei versucht er, einen Rückbezug auf die klassische Diwan-Poesie, obzwar mit modernen, zeitgenössischen Mitteln. Auffällig ist bei ihm, dass er vor dem Einsatz osmanischer Wörter nicht mehr zurückschreckt, sondern eben diese als stilistisches Mittel verwendet, um dadurch auch Kritik an manchen modernen Erscheinungen seines Landes zu üben, die unter der Fassade des Fortschritts neue Unterdrückung produzieren. Deshalb schrieb er Bücher etwa mit Titeln wie „Welcher Kemalismus?" oder „Welcher Laizismus?" Denn unter dem Vorwand, man stehe im Dienste des Kemalismus oder man betreibe eine säkulare Aufklärung kann man ebenso die Freiheit jener beschneiden, deren Ansichten man nicht mag, wie das in unaufgeklärten Zeiten möglich war.

Edip Cansever (1928–1986)

Dieser in Istanbul geborene Dichter, der längst zu den Klassikern der modernen türkischen Poesie zählt, begann in den vierziger Jahren zu publizieren. Dass er sein Geld mit einem Handel für touristische Güter, unter anderem Teppiche, verdiente, also ein literarischer Amateur (eine Art „Freizeitdichter") gewesen ist, stellt für die Türkei nichts Ungewöhnliches dar. Selten konnte in diesem Land jemand von seinen literarischen Werken leben, bis heute sind türkische Poeten auf einen „Brotberuf“ angewiesen, wobei viele den Journalismus gewählt haben.

In mancher Weise ist dies eine Fortsetzung der osmanischen Tradition, denn zu Zeiten der Sultane waren die allermeisten Poeten entweder am Hof beschäftigt, oder sie verdienten ihren Unterhalt als Religionsgelehrte (Ulamā).

Wie viele seiner poetischen Mitstreiter gehörte Cansever zur Gruppe der „Zweiten Neuen“ (wir werden darauf noch ausführlicher zurückkommen), die sich bewusst wieder von der Kürze und scheinbaren Trivialität der „Garip“-Gruppe abwandten, ihren Gedichten etwas Rätselhaftes, schwer Deutbares mitgaben.

Sait Faik Abasıyanık (1906–1954)

Der Dichter Sait Faik ist in Deutschland, anders als Hikmet, noch kaum bekannt. In der Türkei hingegen genießt er schon lange eine Popularität, die andauert, ja sogar größer wird. Er verdankt dies zum größten Teil seinen Prosa-Arbeiten, insbesondere seinen Erzählungen, die in ihrer lakonischen, schnörkellosen Art sozusagen das prosaische Gegenstück zu Orhan Velis lakonischer Lyrik darstellen. Es sind Geschichten, die von tiefer Melancholie durchzogen sind und in ihrer verknappten Diktion an den russischen Klassiker Anton Tschechow (1860–1903) erinnern. Sait Faik stammte aus Adapazari, ganz in der Nähe Istanbuls, und im Umkreis der Bosporus-Metropole, zumal auf den Prinzeninseln, fand er auch die Anregung für seine Geschichten und andere Arbeiten. Er war ein stiller, doch tiefer Beobachter seiner Mitmenschen, ihrer Schwächen und Idiosynkrasien. Das mag auch dazu beigetragen haben, dass er zu viel Alkohol trank.

Auch als Lyriker ist er hervorgetreten, hat jedoch bis heute auf diesem Feld der Literatur nicht jene Beachtung gefunden, die ihm als Prosaist zuteilwurde. Es ist schwierig zu beurteilen, wie man seine Poesien stilistisch einzuordnen hätte. Auch für mich sind sie literarisches Neuland. Wahrscheinlich wird man ihm am besten gerecht, wenn man auch auf dem Feld des Gedichts in Sait Faik einen Einzelgänger sieht, der sich nicht einfach auf einen poetologischen

Nenner bringen lässt. Einerseits sind seine Gedichte von fast existenzialistischer Ich-Bezogenheit, andererseits jedoch auch sozial engagiert, spielen in ihnen die kleinen Leute, die Fischer, die Arbeiter, die Lastträger und ähnliche Menschen- und Berufsgruppen eine zentrale Rolle.

Kirmizi yeşil / Rotes Grün

Den Wind, der das Salz dem Strand zutreibt,
Das Schwimmen der Fische fühle ich,
Ich höre, was der Tang erzählt,
Die Klage der Muscheln.
Die Liebe hat einen Flügel, rot ist er,
Löcher bekommt er,
Blut fließt.
Ein Flügel nur
Giftgrün …

Yeis / Verzweiflung

Die späten Abendstunden kommen,
Wenn alle Menschen Feierabend haben.
Aus überfüllten Straßenbahnen
Lächelt eine Schöne mir zu, mit einem Kindergesicht,
Ehrlos, die späten Abende kommen.
…
Meine sechzehn Jahre alte Geliebte.
Meine Hand in ihrer haltend
Eine Stunde lang von vierundzwanzig Stunden,
Während ich heiße Wörter hören möchte,
Schmutzig. All das in jenen Stunden.

Sait Faik, das machte schon seine „Inselexistenz“ auf den Adalar, den Prinzeninseln, deutlich, war mehr ein Mann der Natur und des einzelnen Menschen in seiner „Geworfenheit“ (Heidegger) als der Geschichte. Er hielt auch physisch eine gewisse Distanz zur alten Sultans-Hauptstadt. Alle Wesen sprechen zu ihm, entweder stumm durch Gesten, oder – durch das, was das Leben und das Schicksal mit ihnen macht. Will man seine Empfindungen auf einen kurzen Nenner bringen, so könnte man sagen – sofern es sich um Menschen handelt – Sait Faiks Lebensgefühl ist eine abgehobene Melancholie.

Hommage an die süßen Wasser des Bosporus

Die „Istanbul Saga“ von Bedri Rahmi Eyüboğlu ist, wie wir sahen, das berühmteste türkische Gedicht über die alte Sultansstadt. Doch der Huldigungen gibt es so viele, dass man fast Bibliotheken damit füllen könnte, nicht nur von fremden Dichtern, sondern gerade auch von einheimischen. Bisweilen hat man den Eindruck, dass sich die „hommages“ an den Bosporus – dieses Wort hier einfach als Lobpreis verstanden – in jenem Maße gehäuft haben, wie die Stadt ihrer amtlichen Rolle als Hauptstadt verlustig ging.

Umso anziehender wurde ihre alte, ja uralte Geschichte. Und dies gilt natürlich auch für die Umgebung der Stadt. Niemals war Istanbul nur Konstantinopel, sondern es war auch Kadiköy (Chalzedon), Üsküdar (Skutari), Tarabya (Therapia bei Konstantinos Kavafis), Bebek, Sariyer et cetera. Der gesamte Bosporus mit den Vororten und umliegenden Dörfern wird in der türkischen Dichtung poetisiert. Er ist so ein geschichtlicher Platz, an dem Gegenwart und Vergangenheit, Geschichte und Vergänglichkeit in das Empfinden und Denken der Menschen treten. Er verbindet das Marmara-Meer, die antike Propontis, mit dem Schwarzen Meer so, wie die Dardanellen es mit dem Mittelmeer und dem Marmara-Meer tun. Beide Wasserwege sind sozusagen Zwillinge. Große, weit in die alte Zeit zurückreichende Geschichte vermählt sich mit den individuellen Augenblicken des gelebten Lebens.

Mustafa Özer (geb. 1949)

Rumeli Kavaği

In den alten Platanen Kanlidschas
Verharren die Winde aus Südwest.
Alle Farben strömen zu einer Orgie zusammen,
Alle Freunde umarmen einander,
Zeit, Geschichte und Ich.

Rumeli Kavaği schmilzt mit der Brise dahin,
Granatbäume hängen, wie Haare, über dem Bosporus.
Granatbäume und wunderschöne Mädchen,
Und die Kerze schmilzt, Tröpfchen für Tröpfchen,
Zeit, Geschichte und Ich.

Rumeli Kavaği, gegenüber Anadolu Kavaği gelegen, ist der nördlichste Vorort Istanbuls in Richtung Schwarzes Meer. Rumelien (Rumeli) bedeutete in der osmanischen Sprache die europäische Reichshälfte unter den Sultanen, das heißt den Balkan, Anadolu Kavaği liegt demnach auf der (klein)asiatischen, anatolischen Seite des Bosporus. Beide Orte sind beliebte Sommerfrischen und für ihre Fischlokale berühmt, deshalb oft von Touristen überlaufen. Paare verabreden sich hier zum Rendezvous, doch die Örtlichkeit evoziert bei dem Dichter unweigerlich Gedanken an die Geschichte dieses historischen Ortes: eben Istanbul. Rumeli Kavaği und Anadolu Kavaği sind gewissermaßen auch ein Paar, wie das bei den Menschen der Fall ist. Auch das im Gedicht erwähnte Kanlidscha ist ein bekannter Ausflugsort, dem Yahya Kemal Beyatli – wie auch andere türkische Poeten – in einigen Gedichten gehuldigt haben. Voller Geschichte ist diese Stadt, voller Zeit, doch auch ein Symbol für die Zeitlosigkeit, die beim Thema Zeit immer mitgedacht und mitempfunden wird. Die Tröpfchen für Tröpfchen dahinschmelzende Kerze ist natürlich das Symbol der Zeitlichkeit, der *verrinnenden Zeit*. In der islamischen Mystik ist sie darüber hinaus das Symbol für das göttliche Licht, in dem die Seele aufgehen und das selbstsüchtige Ich vernichtet werden kann – eine Allegorie dies, die auf den berühmten, im März 922 n. Chr. hingerichteten Mystiker al Husain Ibn Mansur al Halladsch zurückgeht und von Goethe in seinem Gedicht „Selige Sehnsucht" im „West-östlichen Divan" aufgegriffen wurde.

Ich hoffe, dass in diesen wenigen Bemerkungen und Beispielen etwas von den Umbrüchen deutlich geworden ist, die in der modernen türkischen Poesie stattgefunden haben, gleichzeitig aber auch von den Kontinuitäten, auf deren Hintergrund sich Entwicklungen und Veränderungen vollziehen. Sie sind auch im zeitgenössischen Dichten anwesend – wie alles, was auch das menschliche Leben grundiert.

*

„Verrinnende Zeit – Atem schöpfen“

Metaphysische Gedichte von Ziya Osman Saba

In meinem Buch „Die Laute Osmans. Türkische Literatur im 20. Jahrhundert“ (München 2003) habe ich den Autor der hier vorliegenden Gedichte – zusammen mit dem ihm geistesverwandten und überdies befreundeten Cahit Sıtkı Tarancı (1910–1956) – unter die „Melancholiker“ gezählt. Gewiss nicht zu Unrecht, doch hat sich in den Jahren danach bei mir mehr und mehr die Meinung herausgebildet, dass Ziya Osman Saba weit mehr gewesen ist. Ich sehe in ihm nun, zusammen mit Taranci, den bedeutendsten metaphysischen und religiösen Lyriker der modernen Türkei, denn fast alles, was er geschrieben hat, beschäftigt sich mit den sogenannten letzten Dingen – natürlich in einem islamischen Kontext.

Als säkularisierter Mensch könnte man seine Gedichte auch als bloß existenzialistische Schöpfungen einer individuellen Sinnsuche verstehen, was sie wohl *auch* sind, denn der Dichter ist oft genug mit seinen Fragen völlig allein, das heißt ganz auf seine „Existenz“ gestellt („geworfen“, im Sinne Heideggers), und weiß dies auch; doch deren religiöser Charakter, immer wieder unterbrochen durch die bewusste Anrufung Gottes (Rabbim, Allahim, mein Herr, mein Gott) macht deutlich, dass es sich in jedem Fall um einen religiösen Existenzialismus handelt. Wir denken, auf Europa übertragen, an die Haltung Sören Kierkegaards, der als Philosoph ein ganz persönlich-individuelles Verhältnis zu seinem Schöpfer knüpfte, schon, weil er aller organisierten Religion und Religiosität misstraute.

In der modernen Türkei haben auch andere Dichter sich metaphysischen und religiösen Themen gewidmet, doch keiner so stetig und konzentriert wie Ziya Osman Saba. Es wäre nur ein wenig übertrieben, wenn man behauptete, im Grunde seines Herzens hätten diesen Dichter allein die ganz großen, weil ewigen Fragen der Menschheit bewegt. Er kreist unablässig um sie. Was ist der Sinn des Lebens? Warum können wir nichts von der Zukunft wissen? Wer, wo und was ist Gott? Wo zeigt er sich? Gibt es in dieser Welt eine Hoffnung auf das Jenseits? Wie kann der Mensch mit der Ungewissheit leben? Warum schweben wir mit unserem Denken zwischen Skepsis und Gewissheit, zwischen Melancholie, Trauer und Freude? Ist Gott nicht auch abwesend, ein Deus absconditus, ein verborgener Gott? Glaube und Wissen sind die Pole unseres Welt- und Lebensverständnisses; kaum ein Wort verwendet der Dichter so oft wie das Verb „bilmek" (wissen, kennen), oder, in der Verneinung „bilmemek" (nicht wissen). Aber auch „bilemek" (wissen-können) oder „bilememek" (nicht-wissen-können) und andere sprachliche Varianten kommen häufig vor. In manchen Gedichten überwiegt gar die Todessehnsucht – so groß ist sein Verlangen nach einer Auflösung der ewigen Fragen. Orhan Pamuk ist der Hinweis zu verdanken, die vorherrschende Seelenlage vieler Türken, nicht allein der Istanbuler, sei „hüzün" (Trauer oder Traurigkeit).

Der Einfluss einer Zwischenwelt

Ziya Osman Saba ist wie kaum ein anderer ein Dichter zwischen den Zeiten und Welten gewesen. Er ist 1910 in Istanbul geboren, war also zwölf Jahre beziehungsweise vierzehn Jahre alt, als zunächst das Sultanat, danach das Kalifat abgeschafft wurde. Sultan Mehmet VI. wurde 1922 abgesetzt, Kalif Abdülmecit II. 1924 ins Exil geschickt. 1923 wurde die Republik proklamiert, die das sechshundert Jahre alte Osmanische Reich ablöste. Als er – schon mit 47 Jahren – 1957 starb (nur ein Jahr nach Taranci, der mit ihm auch das Geburtsjahr teilt), begann sich die Türkei aufs Neue zu verändern: Sie wurde unter Ministerpräsident Adnan Menderes wieder konservativer, die Religion bekam mehr Raum im öffentlichen Leben zugestanden. Dies hatte auch damit zu tun, dass die Türken 1950 erstmals zwischen mehreren Parteien wählen konnten. Dazwischen lag die hoch- und nachkemalistische Ära, die Epoche der politischen und kulturellen Revolution der Türkei. In dieser Zeit des totalen Umbruchs und seiner Aus- wie Nachwirkungen schrieb Ziya Osman Saba die meisten seiner Gedichte. Es war eine Zeit des drastischen, von oben verordneten Säkularismus, sogar Laizismus nach französischem Vorbild. Natürlich erlebte der Lyriker auch die drastische Veränderung seiner Heimatstadt

– vom Zentrum der osmanischen, ja fast der gesamten islamischen Welt an die „Peripherie", wenigstens politisch gesprochen, denn das inmitten der Steppe gelegene Ankara wurde zum neuen Mittelpunkt der Türkei erklärt. Freilich: An der herausragenden Stellung Istanbuls als Kulturmetropole änderte sich wenig. Das „Provinzdorf" Ankara war bei Künstlern und Intellektuellen wenig beliebt.

Saba absolvierte 1931 das berühmte Galatasaray-Gymnasium, die erste, aus dem 19. Jahrhunderts stammende höhere Bildungsstätte des Osmanischen Reiches nach westlichem Vorbild. Mehrere Generationen einer Elite wurden dort herangebildet, die stark unter französischen Einfluss stand. 1936 beendete er sein Studium an der Juristischen Fakultät der Universität Istanbul (Istanbul Üniversitesi). Eine Zeitlang war er im Rechnungswesen der Zeitung „Cumhuriyet" („Die Republik") tätig, der ältesten, von Yunus Nadi gegründeten kemalistischen Zeitung des Landes, später dann als Leiter der Staatlichen Druckerei für das Erziehungswesen. Schon früh herzkrank, wechselte er in den Verlag Varlik, für den er von seinem Haus im kleinasiatischen Stadtteil Kadiköy – dem antiken Chalzedon – aus arbeitete. Dort ist er auch, viel zu jung, gestorben. Begraben liegt Ziya Osman Saba auf dem berühmten Friedhof von Eyüp, im Schatten der heiligen Pilgermoschee des Fahnenträgers des Propheten Mohammed, Eyüp Ensari. In seinen Gedichten kommt dieser Friedhof einige Male vor, insbesondere im Gedenken an seine verstorbenen Eltern. Moschee und Friedhof heißen nach dem arabischen Krieger Ajjub al-Ansari, der bei der muslimischen Belagerung Konstantinopels im Jahre 674 n. Chr. in der Nähe jener Stelle getötet worden sein soll, an der heute die Moschee steht. Die Eyüp Camii gilt vielen als die heiligste in der ganzen Türkei, und in Eyüp leben bis heute Leute, Kleinbürger zumeist, die fest im islamischen Wertesystem leben.

Eine Dichtung für das Volk

Will man die moderne Dichtung der Türkei besonders differenziert gliedern, so kann man Ziya Osman Saba der Schule der „Yedi Meşaleciler" („Sieben Fackelträger"), zurechnen. Fackelträger des poetischen Fortschritts wollten sie sein. Zusammen mit den „Hecenin Beş Şairi" („Fünf Dichtern der Silbe"), war sie in den zwanziger und dreißiger Jahren besonders einflussreich. Beiden Dichterschulen ging es darum, jenseits der kunstvollen alten Diwan-Poesie mit ihren komplexen Metaphern und kaleidoskopartigen Sprachspielen einen volksnahen Ton im Gedicht anzuschlagen, der sich an den Formen der anatolischen Volksbarden (ozanlar) orientierte. Die anatolischen und auch die balkanischen Volkssänger waren über Jahrhunderte hinweg das literarische Sprachrohr der Landbevölkerung gewesen, ihrer Bedürfnisse und Lebensvorstellungen. Natürlich waren diese Bestrebungen der kulturellen Revolution geschuldet, die man unter Staatsgründer Kemal Atatürk ins Werk setzte. Diese Revolution in der Dichtung ist von dem türkischen Lyriker und Essayisten Yüksel Pazarkaya zu Recht als „Abschied vom Diwan", das heißt der klassischen osmanischen Dichtung, interpretiert wurden. Außer Saba gehörten den „Fackelträgern" noch an: Sabri Es'at Siyavuşgil, Vasfi Mahir Kocatürk, Cevdet Kudret Solok, Yaşar Nabi Nayir, Muamer Lütfü und Kenan Hulusi Koray, der jedoch hauptsächlich als Prosaschriftsteller hervorgetreten ist. Sie prägten mit ihrem Werk vor allem die dreißiger und vierziger Jahre, bevor wieder andere, noch avantgardistischere Richtungen der Poesie, wie etwa die Gruppe „Garip" oder die „Ikinci yeniler" („zweiten Neuen") in der Türkei aufkamen. Nicht nur Freundschaft, sondern auch eine große emotionale Nähe und eine ähnliche Geistigkeit verbanden Ziya Osman Saba und den Lyriker Cahit Sıtkı Tarancı, den wir in einem weiteren Essay behandeln werden. Taranci stammte aus der tiefsten Provinz, nämlich aus Diyarbakir in Ost-Anatolien, kam jedoch schon als Jugendlicher in das kosmopolitische, grOßstädtische Istanbul mit seinem regen geistigen Leben.

Ein Poet schroffer Gegensätze

Der Dichter war, neben seiner stark emotional gefärbten Frömmigkeit, ein dialektischer Denker. Seine gesamte Poesie lebt von schroffen Gegensätzen, Antithesen, die Ziya Osman Saba im Leben, aber auch in der Natur ausmacht und empfindet. Die Jahreszeiten mit ihrer Gegensätzlichkeit, Erde und Himmel, Jugend und Alter, Freude und Trauer, Ekstase und Depression – schließlich Leben und Tod sind die Gegensätze, um die alles kreist. Naturmetaphern, überhaupt Elemente der Natur erhalten bei ihm Symbolcharakter, um Diesseitiges ebenso wie Jenseitiges auszusprechen, aber auch, um Glücksgefühle auszudrücken, denn ein Jammertal ist die diesseitige Welt (dünya) nicht immer und unbedingt für diesen Dichter. Vor allem die Erscheinungen der Natur machen ihn oft glücklich, während die Menschen ihn enttäuschen. Der Dichter verwendet die Parataxe als wichtigstes Stilmittel in seinen Gedichten. Ereignisse und Erinnerungen (hatiralar) aus seinem Leben werden in der Verszeile nebeneinandergestellt („Mein erstes Gedicht, mein erster Freund, meine erste Geliebte"), oder eben die Gegensatzpaare, deren Aufeinanderprallen für die Widersprüchlichkeit und Rätselhaftigkeit des Lebens charakteristisch sind: Nacht und Morgen, Winter und Frühling. Gerade der Frühling (bahar) wird zur Metapher für die Erwartung einer Verwandlung im Jenseits – jedenfalls in jenen Gedichten Ziya Osman Sabas, in denen die Jenseits-Hoffnung über wiegt. Doch gibt es auch andere, in denen der Zweifel, vielmehr das Nicht-Wissen der Menschen um die letzten Fragen des Daseins eine nicht unerhebliche Rolle spielen. Eine wirklich ungetrübte Gewissheit ist selten.

Unter formalen Kriterien fällt auf, dass Ziya Osman Saba neben der Parataxe das Mittel der Lakonik einsetzt, freilich in einem ganz anderen Sinn als jene Dichter, die man der sogenannten Garip-Schule zurechnet. Deren bedeutendster Vertreter, Orhan Veli (1914–1950), verwendet die Lakonik als Duktus und Haltung, oft auch – leicht ironisierend – sogar gegenüber dem eigenen Gedicht. Bei Ziya Osman Saba beginnt die Lakonik schon bei der Kürze des Gedichts, oft sind es nur wenige Zeilen, die er niederschreibt, und die Wörter, vor allem die Adjektive werden ohne „ist" oder „sind" dem Leser der Gedichte vorgesetzt, die Verben häufig im Infinitiv, das heißt unter Vernachlässigung des dem Türkischen eigenen Prinzips, Verben zu Substantiven zu machen (etmek, etme; kalmak, kalma). Es ist eine bewusste Sparsamkeit, ja *Spärlichkeit* des Sprechens, die der Dichter pflegt. Viel arbeitet er auch mit dem Doppelpunkt, hinter dem dann ein einziges Wort, bisweilen mit einem Ausrufezeichen versehen, eine ganze Sinneinheit setzt. Oder das Wort soll einen ganzen Kosmos von Gefühlen und Empfindungen evozieren.

Andererseits ist dem Dichter auch das Pathos nicht fremd. Er liebt es, die Menschengattung (insanlar, biz insanlar) als Ganze zu apostrophieren; und sie wird in ihrer zwiespältigen, manches Mal ganz pessimistisch gedeuteten Befindlichkeit dargestellt (Biz, insanlar). Ein besonders wichtiges Element seiner Gedichte ist die Erinnerung (hatira), in der sich die Flüchtigkeit und Schwäche des Menschen manifestiert. Ziya Osman Saba war im Kontext der Kontingenz ein Dichter der religiösen Hoffnung, wenn diese Hoffnung auch mit Zweifeln durchsetzt gewesen ist. Wie sein Freund und Mit-Metaphysiker Cahit Sıtkı Tarancı ist er viel zu jung gestorben.

Zwischen Säkularisierung und Frömmigkeit

Dass Ziya Osman Saba und auch Taranci sich so sehr mit den letzten Dingen beschäftigten, lag gewiss vor allem an ihrem persönlichen Charakter und ihren individuellen Interessen. Dennoch glaube ich, dass die metaphysisch-religiösen Gedichte beider Poeten auch der spezifische Ausdruck der Zeit jenes politischen und gesellschaftlichen Umbruchs sind, den sie erlebten. Bis heute ist ja die Türkei das am stärksten säkularisierte Land der Islamischen Welt, eine Entwicklung, die zwar schon im 19. Jahrhundert begonnen hatte, aber unter Kemal Atatürk massiv vorangetrieben wurde – mit allen positiven wie auch negativen Erscheinungen, die das zur Folge hatte. Manches in den Gedichten Ziya Osman Sabas lässt erkennen, wie – zumal in der Großstadt Istanbul, dem früheren Weltzentrum islamischer Herrschaft – diese Säkularisierung ganz neue Fragen nach der Identität aufwarf, nicht nur kollektiv, bezogen auf die Nation, sondern gerade auch im je individuellen Fall des je Einzelnen. Religion, der Islam, war plötzlich Privatsache geworden, und in den ersten drei Jahrzehnten nach Gründung der Republik verabschiedeten sich manche türkische Intellektuelle ganz vom Islam, wenn sie dies auch nach außen hin nicht immer betonten. Zumindest in Istanbul und Izmir waren die Moscheen damals leerer, als sie heutzutage sind. Darauf spielt der Dichter in manchen seiner Verse durchaus an. So liegt vor allem in der Frage der Religion, ungeachtet der persönlichen Einstellung des Dichters, eine gewisse gesellschaftliche Relevanz auch dieser Gedichte, die zunächst einen so stark individuellen Charakter haben mögen. Wie es überhaupt verfehlt wäre zu behaupten, Ziya Osman Saba habe sich neben der Metaphysik nicht mit den Problemen der türkischen Gesellschaft befasst. In die religiös-metaphysischen Zusammenhänge immer wieder eingebettet sind Anspielungen auf die Armen und Schwachen (yoksullar), auf die Kranken (hastalar), auf Witwen und so weiter. In einem der Gedichte beschwört er sogar den „Klassenbruder“ (sinif arkadaşi), ohne dass Saba ein dogmatischer Linker gewesen wäre.

Die Mehrzahl der hier in Übersetzung publizierten Gedichte ist inhaltlich so klar, dass sich ein Kommentar oder Erläuterungen erübrigen. Wo dies doch der Fall sein sollte, habe ich die entsprechenden Anmerkungen dem jeweiligen Gedicht unmittelbar angefügt.

*

Aus den Gedichten Ziya Osman Sabas

Geçen zaman / Verrinnende Zeit

Wenigstens nicht vergessen wollte ich!
Die alten Nächte, die Zimmer, angefüllt mit Dingen, die ich liebte.
Verlasst mich bloß nicht, ihr Erinnerungen!
Bleib ein wenig an meiner Seite, Kindheit.
Meine ruhige Kindheit mit reinem Herzen …
Ach, meine hoffnungsvolle Jugend,
Mein erstes Gedicht, mein erster Freund, die erste Geliebte.
Mein Geburtshaus! Ruhe fand meine Seele,
Wenn ich das Knarren der Türe hörte,
In meinem Kopf such ich die Melodie eines Wiegenlieds …
Erlebte Tage, entfernt euch nicht zu sehr von mir.
Sonne, schenke mir einen Bairam-Morgen!
Öffnet, öffnet euch wieder, ihr Wunden,
Die ich an meinen Knien hatte.
Mein seid ihr doch allesamt:
Meine Schule, meine Klassen, die Reihen, in denen ich saß …
Nur erinnern möchte ich mich, erinnern.
Wo blieb meine erste Geliebte, der Tag, an dem erstmals
Wir uns küssten?

Jener Himmel, zu dessen Farbe ich aufsah,
Der Fluss, dessen Melodie ich vernahm?
Alles lasse ich nun; doch wohin gehe ich?
Was alles versank, warum weintest du, worüber hast du gelacht?
Ach, wie gut war es doch zu leben!

Nasil anmazsin / Erinnerung

Wie könnte man sich der Kindheitstage nicht erinnern?
Auf den Zweigen die Nachtigall, weiße Wölkchen am Himmel.
Vater und Mutter lebten noch.
Mild und lang die Sommertage in unserem Garten.
Eine weiße Welt war jeder Winter.
Anders war seine Sonne, anders auch sein Mond.
Nicht mehr leben möchte ich jetzt!
Gib einen Tag mir nur, mein Gott,
Der von meiner Kindheit übrig geblieben …

Bilemiyorum / Ich kann es nicht wissen

Wo bin ich denn all die Jahre? Ich kann es nicht wissen.
Das Brot, das ich täglich aß, das Wasser, das ich durstig trank,
Die Frau, die ich am Arm geleiten wollte,
Die Sorge um das Leben, die Himmelssehnsucht, die Todesfurcht.
Und, mein Gott, Dein hoher Name.
Viele Jahre steh ich nun mitten im Leben,
Gedenke meiner Jugend, sehne meine Kindheit herbei,
Kann aber nicht wissen, was morgen sei.

Deinen ewigen Ratschluss, mein Gott, kann ich nicht kennen,
Wir alle leben doch in der diesseitigen Welt.
Unsere letzte Krankheit, unser Tod in der Erde –
Was sind wir, und was werden wir sein?
Nur eines weiß ich – dass ich Atem schöpfe.

Mein Gott, geschaffen hast Du mich,
In des Menschen Form erscheine ich,
Sommers schwitze ich, winters bin ich erkältet,
Ich denke nach und denke und denke …

Iyilik / Wohlsein, Wohlbefinden

Für Yaşar Nabi

Der Morgen – dankbar, ach, aus der Nacht erwachen.
Mein Fuß betritt den Strand, wie neugeboren.
Der Morgen, mein Haus taucht auf, die Gärten und Du,
Die Zweige schlafen noch, die Vögel fliegen auf.

Diesen Morgen kenne ich nicht, wo sind diese Fluren?
Von den Kiefern bis zu den Wiesen herrscht Stille.
Der Bach erzählt mir mein Dasein, das verrinnt,
Und schweigend zu leben, lehrt mich das Schaf.

Ruhig und hoffnungsfroh, wie ein Weg beginnt.
Mein Gott! An diesem Morgen ist mein Inneres ganz Dein:
Wohlsein, Tröstungen, Mitleid und Zärtlichkeit …
Auch meine Seele ist so frisch wie der Morgen.

Mit unbekannten Geliebten baden
Wohlsein … Das Dasein ein seliger Schauer.
Wohlsein … Das weiße Schaf, das lächelnde Gesicht,
Dieser Frühling, blauer Himmel, grasgrünes Schweigen.

An diesem Morgen liebkose ich mit meinen Augen
Alles, die ganze Natur, die Bäume, den Bach,
Alles, was ich liebe, und Du, o mein Gott!
Zitternd küsse ich die Hand und falle nieder …

Das Gedicht ist dem Dichter Yaşar Nabi Nayir gewidmet, der ebenfalls zu den guten Freunden und Gesinnungsgenossen Ziya Osman Sabas gehörte. Er stammte vom Balkan, war Angehöriger einer Familie von Muhacir, das heißt Flüchtlingen, die insbesondere nach den beiden Balkankriegen 1912/13 ihre Heimat verlassen mussten. Er wurde 1912 in Skopje (türkisch Üsküp) geboren, bereiste im Jahre 1936 die ehemals balkanischen Gebiete der Türkei und schrieb darüber ein Buch mit dem Titel „Değişen dünyamiz. Balkanlar ve türklük“ – „Unsere sich verändernde Welt. Der Balkan und das Türkentum.“

Bahar beklerken yazilmiş şiir / Gedicht, geschrieben beim Warten auf den Frühling

Um jenen Tag zu sehen, werden wir einfach warten.
Sehen werden wir eines Morgens die grünen Triebe.
Im Werden sind Himmel, Horizont und Meer,
Eines Morgens wird der Frühling aller Frühlinge sprießen.

Dieser Frühling enthält nur glückliche Tage,
Am Ufer eines Wassers werden wir uns begegnen,
So weit das Auge reicht, erstrecken sich grüne Wiesen,
In schweigendem Glück ein grasendes Schaf.

In diesem Frühling werden wir lachen, freudig aus tiefstem Inneren,
Ein Engel wird von dort uns seine Hand darreichen.
O lass mich nicht, mein Herz, und nenne mir,
Mein Herz, die schönste aller Hoffnungen …

Artik yasamak için / Um jetzt zu leben

Um jetzt zu leben, werden wir vor jedem fliehen.
Nur ihre Schönheiten wird die Welt uns geben,
Und, alleine für unsere Seele, werden ausgießen
Die Nächte das Mondlicht, die Tage ihre Morgenröte.

Während wir nachdenklich durch eine Kurve schreiten,
Wird der Frühling mit seinen weißen Zweigen aufblühn.
Die Freude unserer Jugend wird er in Erinnerung rufen:
Den Garten mit dem Judasbaum, die Mauer mit Glyzinie.

Aufs Neue werden wir hoffnungsvolle Morgenstunden erleben,
Den schönsten Platz der Welt wiederfinden,
Und wieder, an einem endlosen Ufer, werden wir kosten
Abendliche Gänge, mit Schweigen angefüllt …

Beyaz ev / Das weiße Haus

Vor meinem Blick ganz dasselbe weiße Haus.
Das am Berghang ich erbaute,
Das an jedem Ufer sich zeigte,
Das Dach rosa, die Rollläden grün und mit Balkon;
Efeu, das den Balkon erklettert.
Licht, das nachts durch das Fenster fällt,
Schornstein, der winters raucht.

Eine Glocke wird läuten, wenn du die Türe öffnest.
Glasklar höre ich jenen Laut,
Wenn du deinen Weg gehst, die drei Stufen nimmst.
Deine Handschuhe von den Händen abstreifst,
Mit deinem ganzen Sein, deinem Lächeln, deinem Duft!
O, die Hand, die ich ein ganzes Leben nicht loslassen werde,
Haar, das ich streichle, Stimme, die ich hör,
Antlitz, das ich zu betrachten nicht müde werde …
Tageslicht, das durch die Jalousien den Tag erfüllt,
und jenes Tages Wetter.

Bir sokakta giderken / Auf der Straße gehend

Auf jener Straße marschieren, wo Gras dem Stein entwächst,
Aus dem duftenden Schatten einer Gartenmauer.
In der Ferne das Lied, das wir in der Schule sangen,
Wasser trinken aus jener Quelle sorgenfreier Tage.

Alle treffe ich hier, die meinem Herzen nahestehen,
Alles wie früher, jeder ist glücklich, gesund!
Ein Greis erzählt mir von meinem Großvater,
Der Freund meiner Kindheit, die gelb gestreifte Katze.

Alle meine Sünden hat mein Gott mir verziehen,
Mein Herz empfindet eine nie gekostete Freude,
Ach, nur einfach laufen möchte ich,
Wie ich diesen Weg gehe in das Land, das ich suche.

Çocukluğum / Meine Kindheit

Meine Kindheit, meine Kindheit …
Gärten in der Erinnerung Ferne,
Jene Morgenstunden, jene Nächte
Verlorene Tage, meine Kindheit.

Meine Kindheit, meine Kindheit …
Endloser Kummer, meine Kindheit.

Meine Kindheit, meine Kindheit …
Meine Schwester, die ohne Nachricht starb,
Mein zweites Ich sie, deren Grab mir unbekannt,
All das hatte ich, in meiner Kindheit.

Meine Kindheit, meine Kindheit …
Ein einziges Bild ist meine Kindheit,

Das in der Schublade vergessen wurde
und dessen Farbe mit den Jahren verblasst …

Ölüler / Ihr Toten

Ihr Toten, ihr Toten, wo seid ihr?
Ihr Toten, an unbekanntem Ort.
Gleich sind nun Tag und Nacht,
Alle eure Tage: ein Gestern.
Jedes eurer Worte: Schweigen.
Jedes eurer Zeichen verborgen.
Euren Ratschlägen folgen wir …
Ihr Toten, ihr Toten, überall seid ihr!
Immer, wenn ich in den Spiegel schaue,
Tritt mir sofort mein Vater entgegen,
Mein Garten, mein Zimmer, der Hausflur.
Wohin ich gehe, wohin ich aufbreche:
Meine Erinnerung nur!
Überall eine Spur von euch.
Am Firmament eine Wolke,
Stimmen, die ihr zurückließet,
Der Sonne, dem Monde nah.
Wenn ich euch begegnen könnte dort,
würde mancher von euch reden.
Mancher von euch lachen,
die alten Tage würden (wieder)kommen.
Ihr Toten, wenn ich kennte euren Ort,
würde meine Seele ihr Ziel erreichen:
Meine Mutter würde mir das Bett machen,
Eure Erde wäre die meine,
Unter euch würde ich ruhen.

Imkansiz tesadüfler / Unmögliche Zufälle

Für Cahit Sıtkı Tarancı

Mein alter Freund wird mir schnell entgegenkommen
Auf jenem Weg, den wir zur Schule gingen …

„Ziya!" wird mein Vater mit zufriedener Stimme rufen,
In meinem Herzen die alte Freude, an den Zweigen der Frühling,
Wie früher.

Ich werde meine Augen schließen: „Wisse!" sagt einer,
Inmitten der Auferstehenden werde ich erstaunlicherweise sein.

Einem Engel gleich wird meine Frau meinen Arm nehmen,
Meine Kinder, ungeboren, werden mich umarmen,
mir zur Seite …

Cahit Sitki, dem dieses Poem gewidmet ist, werden wir im nächsten unserer Essays vorstellen. Er war Sabas engster Freund lebenslang, ihre Verbindung datierte schon zurück in die gemeinsam verbrachte Schulzeit. Es ist ein Gedicht über das Jenseits, in dem der Dichter alle jene wieder zu treffen hofft, die ihm im Leben etwas bedeutet haben.

Der Titel legt freilich nahe, dass diese Hoffnung für den modernen Menschen eher zweifelhaft ist.

Bir oda, bir saat sesi / Ein Zimmer, Ticken der Uhr

Ein Zimmer, darin das Ticken einer Uhr …
Eine Hand, die mich ins Früher führt,
Unsere alten Tage, still und schön …
Was ich verlor und wiederfand von des Alltags Plätzen:
Die Kommode, der Spiegel, deine Matratze in der Ecke,
Dein Gebetsteppich, dein Rosenkranz, dein Kopftuch,

Unverändert, als ob es gestern wäre.
Die Hortensien unter dem Fenster wieder,
Draußen die Stille der Sommernacht,
In unserem Garten sind alle Blumen gegossen
– Es klingelt an der Tür. Mein Vater kommt …

Rabbim, nihayet sana / Mein Gott, endlich

Mein Gott, endlich werden wir Dir gehorchen,
Kein Hass mehr, kein Neid, keine Lebensgier …
Vielleicht eines Morgens, vielleicht zur Mitternacht
Werden wir zu atmen aufhören und einfach gehen …
Nicht länger fürchte ich mich, in allem liegt ein Sinn,
Auf Nacht folgt Morgenrot, auf den Winter der Frühling.
Vielleicht verspricht jene Mauer auch einen Garten,
Unter einem Baum kann unsere Geliebte, unsre Mutter warten.
Der Himmel ohne Nacht, ohne Wellen das Meer,
Die schönsten, glücklichsten, hellsten, reinsten
Hoffnungen habe ich. Gottseidank werden wir sterben.

Bütün saadetler mümkündür / Alles Glück ist möglich

Alles Glück ist möglich …
Dass plötzlich die Tür aufgeht
Und Du hereinkommst,
Frühling. Vögel, heller Tag,
Und die ganze Welt
Verstummt für einen Augenblick.

Alles Glück ist möglich …
Dass die Unglücklichen ein wenig lächeln …
Die Blinden den Tag sehen,
Alle Wunder sind möglich,

Dass Mutter, Vater, Kinder und alle Verlorenen,
Dass wir uns alle an einem ewigen Morgen wiederfinden.

Ihr Toten! Fleht bitte bei Gott für uns …

Bir yer bilirim / Ich kenne einen Ort

In den Wäldern kenn ich einen grünen Ort.
Der Himmel immer blau dort, und immer Abendwind,
Ein Dorf ohne Klatsch, jeder kümmert sich um sich selbst,
Ein kleines Haus mit Garten, es klopft: Du bist's!

Die Bienen in ihren Stöcken, im Sessel der Hund.
Wie schön, Gott, ist Deine Welt, denke ich.
Ein wenig Liebe, Freude, Wasser, Sonne und Brot,
Glücklich werden wir lieben, leben und sterben.

Biz, insanlar / Wir, die Menschen

Mein Gott, Deine Welt erfüllen wir,
Lachend, weinend, irgendetwas plappernd,
um unser täglich Brot schlagen wir uns,
Wir, die Menschen.

Lügen verbreiten sie durch ihre Lippen,
In den Adern Blut, in den Körpern treibt nur Wollust,
Zorn, Hass, Missgunst und Gier –
Mein Gott, nicht Du hast die Menschen geschaffen.

Her akşamki yolumda / Auf meinem abendlichen Weg

Ich mach mich auf meinen abendlichen Weg,
Müder als sonst bin ich an diesem Abend,
Ein wenig Stille wünsche ich an diesem Abend,
Will mich am Rand einer Moschee niedersetzen.

Mein Gott, schließ mir doch wenigstens
gleich hier die Augen.
Du, der mir als Letzter blieb,
und ich Dein letzter Knecht.
An diesem Abend, im ungläubigen Istanbul,
Will ich in einer leeren Moschee einschlafen.

Ich möchte Deine endlose Stille hören,
Ich weiß, dass Dein Marmor so warm ist wie ein Bett,
Ein wenig näher möchte ich Dir nun sein,
Mein Gott, nur Oliven und Brot möcht ich haben.

Sabahin dördü / Vier Uhr morgens

Die Stunde – vier Uhr morgens.
Das Pfeifen des Winds, das Miauen der Katze,
Das Kind beginnt schon wieder zu weinen,
Wer wacht auf? Wer hustet?

Der Helle streben wir entgegen …
Die erste Tür wird geöffnet und wieder geschlossen,
Der Lieferwagen, dann die Müllabfuhr,
Ein weiterer Tag beginnt …

Köpük, ada ve çiçek / Schaum, Insel und Blume

Die Welle in den Meeres-Weiten,
Schaum, der den Strand nicht kennt.

Die Insel, unentdeckt.
Die Frucht – am Aste hängt.

Auf weiten Wiesen,
von Schritten noch unberührt,
Blüht tief violett eine Blume auf.

Cümlemiz / Wir alle

Auf dieser seltsamen Erde wird unser Leben nicht verstanden.
Die Waise, die zu mir kommt und den Nacken beugt,
Die Mutter, die ihr Kind verlor, die Witwe im schwarzen Umhang,
Der Bettler, der sein letztes Hab und Gut versteigern lässt,
Der tiefe Schmerz des Armen, der Überdruss des Reichen,
Der in die Fremde verschlagene Reisende, der Wirt, der
Auf ihn wartet,
Der in diesem Augenblick unter die Erde gebrachte Tote,
Der im Irrenhaus in lautes Gelächter Ausbrechende,
Der Tote, der Leichenwäscher, der Kranke und sein Pfleger –
Mein Gott, nur Bitternis erwartet uns alle.

Sevgiler / Was ich liebe

Menschen, euch alle liebe ich!
Freunde und Brüder hab ich unter euch.
O Stadt! Alle sind meine Landsleute.
Euer Fest ist meines, euer Kummer der Meine,
Ihr Bettler, ihr Kranken, ihr Schwachen.
Euch alle hab ich im Aug'.

Ihr Toten! Hab' ich denn keine Sehnsucht nach eurer Welt?
Schon meine Mutter, mein Vater haben sich unter euch gesellt.

Die Tage vergehen, einerseits schmerzt das meine Seele,
Leben! Leben! Ich liebe dich.
Unter den weiß gekleideten Mädchen auf immergrünen Wiesen,
Unter euch finde ich meine Geliebte.

Nasil / Wie

Wie rennen doch all diese Menschen umher?
Nach rechts, nach links …
Wie flanieren doch die Liebenden?
Arm in Arm …
Über allen derselbe Tag.
Die Mutter, die ihr Kind an der Hand hält,
Hier eine Hochzeit,
Dort ein Begräbnis,
Reihen von Häusern, Läden, Friedhöfen.
Bald eine Begegnung, bald eine Trennung.
Wer weiß, warum man lebt. Wer weiß es?
Warum verliebt man sich,
Wieso lacht man?
Wie stirbt man?

Mesut olmak vardir / Glücklich-Sein gibt es

Glücklich-Sein gibt es,
Jeden Tag, den Gott werden lässt,
Von Tag zu Tag glücklicher
Leben auf der Welt.

Glücklich-Sein gibt es, mein Bruder.
Hadere nicht mit deinem Geschick,

Glücklich-Sein, für den Menschen,
Das Ziel erreichen.

Dieser junge Tag ist für uns gedacht,
Die Toten in den Gräbern haben ihre Ruhe.
Noch haben wir hier ein Zuhause,
Unter einem Baum die geöffnete Blume.

Glücklich-Sein gibt es.
Auch wenn deine Mühen vergebens sind –
Der Himmel ist dein, der Wind und die Welten!
Mit vollen Segeln auf den Meeren.

Glücklich-Sein gibt es.
Auf den Bildern die du betrachtest,
Vogelgezwitscher, Flüstern der Blätter
In den übergrünen Jahreszeiten.

Glücklich-Sein gibt es
Im Namen des Geboren-Seins,
Mit der Zunge, den Pupillen, den Händen
Bekommt man nie genug vom Himmel, der Erde, der Frau.

Ihr Leidenden und Kranken,
Ihr Töchter, zu Hause gelassen,
All ihr Unglücklichen!
Glücklich-Sein gibt es:
Den Geschmack des Lebens zu erlangen.

Istanbul

Dich sehe ich wieder, Istanbul.
Aus der Ferne umarme ich dich mit meinen Augen:
Minarett an Minarett, Haus an Haus,
Wege und Plätze.

Von deinem Bosporus, wo er ablegte,
Dringt das Tuten eines Dampfers herüber.
Auf dem Spiegel der blauen Wasser wieder
Der blendend weiße Mädchenturm.

An einer Seite, zusammen mit dem kühlen Morgen,
Die Ufer meiner Geburt: mein Beschiktasch.
Wohin ich schaue, Viertel und Orte,
Fünf war ich, fünfzehn, dann zwanzig Jahre alt.

Die Schule auf einem deiner Hügel, wo ich lernte,
Gegenüber die Kaserne, in der ich Soldat gewesen.
Das Standesamt, in dem ich eines Tages
Ein Mädchen zu dem meinigen machte.

Kütschüksu, wo mein Vater ruht,
Eyüpsultan, wo meine Mutter in der Erde liegt.

Vor mir, mit offenen Armen, der Bosporus,
Von Tschengelköy steigt man nach Rumelihisar um.
Istanbul, mein Istanbul,
Sein Kadiköy und Üsküdar.

Tag wird es, in der Mitte der Brücke Halt,
Ich erinnere mich an den Kiefernduft auf den Inseln,
Tag wird es, nach Beyoğlu sehnt sich mein Herz,
Aufnehmen möchte ich den Geruch von Tünel.

Eine Wolke zieht über dich hinweg,
Ein Schiff kommt und legt an.
Dein altes Lied, mir ins Ohr geflüstert:
„Mit Wäsche voll beladen."

An deinem Himmel sah ich, wann der Vierzehnte war,
An deinen Fluren erkenne ich den Frühling,
Alles, alles in meinem Inneren
Ist eine Erinnerung an Istanbul.

Aufs Neue sehe ich dich, mit den Augen der Welt.
Dein Himmel über mir, deine Luft erfüllen mich.
O Stadt, in der ich geboren wurde und lebe, jeden Stein
Möchte ich küssen und auf mein Haupt legen.

Dies ist eines der zahllosen Gedichte auf die Stadt Istanbul. Schon viele der osmanischen Hofdichter hatten der faszinierenden Stadt am Bosporus Verse gewidmet, die oft sogar zu Sprichwörtern wurden. Doch auch die modernen Poeten der Republik haben immer wieder Istanbul als einen historischen Ort oder als Stätte persönlicher Erinnerung „bedichtet" – von Yahya Kemal Beyatli, dem bedeutendsten Klassizisten der modernen türkischen Poesie, bis zu Orhan Veli, der das vielleicht bekannteste moderne Gedicht auf Istanbul geschrieben hat: „Istanbul'u dinliyorum gözlerim kapali" – „Ich höre Istanbul, geschlossen die Augen". Die in diesem Gedicht Sabas vorkommenden Namen bezeichnen Stadtteile und Ortschaften Istanbuls, die in der Biographie des Dichters eine Rolle spielten. Die „Mitte der Brücke" ist eine Anspielung auf die berühmte Galata-Brücke, die von Alt-Stambul hinüber führt in den Europäer-Stadtteil Beyoğlu, früher Pera und Galata. Bis zum Erbauen der ersten Bosporus-Brücke in den siebziger Jahren war die Galata-Brücke zusammen mit der Atatürk-Brücke über das Goldene Horn die einzige Brücke im ganzen Stadtgebiet. Noch heute ist die Galata-Brücke ein unvergleichlicher Ort, dort sieht man die Flaneure aller Couleur, Angler werfen ihre Angelrouten aus, die Schiffe und Fähren kommen dort vom asiatischen Ufer an und fahren wieder zurück nach Üsküdar, Kadiköy. Kuzguncuk oder den Prinzeninseln. Es ist die soziale und seelische Mitte der Stadt.

Açik pencere / Offenes Fenster

Diese Sonne, die durch das offene Fenster fällt,
Diese Helle, zusammen mit diesem Wind.
Frisch und mild –
Himmel, Adern, Bäume … Güte, Liebe
Mit allen Wörtern auf der Zungenspitze,
Dieses Glück.

Gökyüzü / Himmel

Tagelang möchte ich den Himmel betrachten,
Wo auch immer, mit dem Rücken auf der Erde liegend,
Über Dächer, Schornsteine, Mauern hinaus
Möchte ich tagelang
Nur den Himmel betrachten.

Manzara / Aussicht

Mein Gott, ich sehe grünen Zweig und blauen Himmel,
Jeder arbeitet schwer, lebt zu Hause bei sich,
Wenn ich meinen Kopf ein wenig wende: drüben der Friedhof,
Grabstein an Grabstein, Zypresse an Zypresse.

„Drüben der Friedhof" ist wieder eine Anspielung auf den Friedhof von Eyüp. Tausende von Grabsteinen bestimmen sein Bild, ebenso wie die Zypressen. Viele prominente Türken liegen dort, an heiligster Stätte, begraben. Neben Eyüpsultan gilt der Friedhof Karacaahmet auf der kleinasiatischen Seite als besonders „begehrt", denn viele Muslime wollen auf jenem Erdteil begraben sein, auf dem der Prophet Mohammed wirkte.

Bu rüzgar / Dieser Wind

Nicht immer wird dieser Wind so wehen.
Am Himmel Wolken, Segel auf dem Wasser, Blume am Gezweig.
Eines Tages, eines bestimmten Tages, schlägt die Stunde
Der Wahrheit:
Die Zypresse kracht zusammen, zerquetscht wird der Käfer,
Sauge, sauge voll deine Lungen, atme noch einmal,
Nicht immer wird dieser Wind so wehen.

Emanet / Das anvertraute Gut

Alles werden wir zurückgeben …
Unsern Körper nach so vielen Jahren, Hände, Arme und Füße,
Die Lippen, mit denen wir küssten,
Das Grün und Blau unserer Augen.

Vom Scheitel bis zur Sohle, Haut und Knochen,
Frau und Mann, Alt und Jung,
Mannhaft hindurch
In einem Sarg, alles …

Der Hintergrund dieses Gedichtes ist die islamische Vorstellung, dass Gott dem Menschen das Leben als ein anvertrautes Gut (arabisch: al-amana) übereignet hat. Dieses Gut muss er durch ein moralisches, gottgefälliges Leben bewahren und im Tode an seinen Schöpfer zurückgeben. Im Grunde hat Gott dem Menschen die gesamte Schöpfung als ein anvertrautes Gut gegeben.

Kim bilir / Wer weiß

Der erste Regentropfen fiel
Auf die trockenen Herbstblätter
In seinem Gefolge der gestrenge Winter
Schmerz und Trauer.

Geschrieben steht alles … Schicksal ists
Tag und Nacht, Sommer wie Winter
Wer weiß, wie viele Tage noch bleiben
Von unserem Leben?

Hayret / Verwunderung

Zum ersten Mal, mein Gott, nehm ich alle Dinge wahr.
Als ob ich die Erde zum ersten Mal sähe:
Farben sehe ich, Blau, Grün, Violett,
Am Firmament ziehen die Wolken vorbei.
Auf den Wegen Menschen, Vögel, Hunde.
Ganz neu zu lieben lerne ich jetzt.
Diese Welt, die Du uns überlassen hast,
Bäume, Wege und Blätter – alle ein Wunder.
Ich verstehe Deine Absicht hinter allem,
Zu lieben, zu sterben, weiterzuleben.
Ich verstehe, warum dieser Vogel ein Nest baut,
Ich verstehe, mein Gott, warum mein Herz klopft.

Yokuş / Steigung

Von mir selber möchte ich sprechen,
Wenn ich jeden Morgen, früh, diese Steigung nehme.
Von mir selber möchte ich sprechen, abends,
Wenn ich sie hinuntergehe.

Morgens und abends auf demselben Pflaster,
Sind wir uns fern und nah zugleich,
Wenn wir zur Arbeit gehen und wiederkommen,
Ein einziger Strom von Menschen.

Auf der Fähre sitzt mir einer gegenüber,
In der Straßenbahn einer neben mir,
Schweigend und brütend wie ich,
Aus etwas hoffend oder träumend.

Ich schau euch ins Gesicht und auf den Kopf,
Egal, ob Sommer oder Winter,
Eure Mützen gleichen der meinen,
Wie auch eure Schuhe.

Der Ticketverkäufer mit seiner Nummer am Kragen,
Der Ordnungshüter in seiner Uniform
Ein und dasselbe ist unser Inneres.

Meine Seele möchte ich einem von euch offenbaren,
Mit zahllosen Worten, Wort für Wort,
Wenn auch nicht den Großen und den Paschas,
Ja nicht einmal meinem Herrn und Gott.

Meine Seele möchte ich einem von euch offenbaren,
Wer es auch sei, einem verständigen Freund,
In einem Gedicht – und zwar über alle,
Die den lieben langen Tag durchleben.

Zeile für Zeile, Wort für Wort …
Jeden werdet ihr gut verstehen,
Selbst, wenn ich über meine Lage
Nicht ein Sterbenswörtchen sage …

Dieses Gedicht ist wahrscheinlich durch die berühmte Steigung von Çağaloğlu inspiriert. Der Çağaloğlu yokuşu führt den Fußgänger von Eminönü am Gülhane Park vorbei bis zum Viertel Sultanahmet. In Çağaloğlu residieren traditionell die Verlagshäuser und die Redaktionen der Zeitungen. Auch die Anspielungen auf die Fähre und die Straßenbahn zeigen, dass dies ein

Istanbul-Gedicht ist. Obwohl heute das Goldene Horn wie auch der Bosporus von Brücken überspannt werden, bräche doch der Verkehr zusammen, wenn es weder die Fähren über diese beiden Gewässer noch die Straßenbahnen gäbe. Die Steigung, die Verkehrswege und Verkehrsmittel sind Symbole für eine Großstadt in unausgesetzter Bewegung; doch die Massen der Tätigen bleiben isoliert und stumm, trotz ihrer alltäglichen Geschäftigkeit.

Sizler için / Für euch

Alles, was ich schrieb, damit ihr es lesen könnt,
Diese Worte, Seite für Seite,

Ihr, die ihr meine seltsame Poesie lest,
Meine Gefühle mitfühlt,
Nicht den Toten gilt mein Wort,
Doch denen, die lachen und weinen wie ich.
Auch nach mir werden Menschen leben!
Für euch wende ich nicht allem den Rücken zu,
Dieses mein Haus, meine Arbeit, meine Armut.
Keine Goldkette an meinen Handgelenken.
Wie man Geld verdient, weiß ich nicht,
Nur eine Feder in meinen Fingern zu halten,
Hoffnungsvoll, hoffnungslos, pessimistisch, voller Verheißung,
Seufzen, Schreien, was du auch sagst,
Ganz langsam und nach und nach
Bis ich stark genug bin und meine Sprache wiederkehrt.
Für euch ist alles, was ich geredet habe …

*

Dieses flüchtige Dasein

Cahit Sıtkı Tarancı – Ein türkischer Poet der Kontingenz

Der Dichter, der in diesem kurzen Essay vorgestellt wird, gehört längst zu den Klassikern der modernen türkischen Poesie. Er war mit Ziya Osman Saba, den wir zuvor vorgestellt haben, zeitlebens eng befreundet, besuchte dieselbe Schule wie dieser metaphysische Lyriker; und er war von ähnlicher Wesensart. Auch Cahit Sıtkı Tarancı (1910–1956) war ein Poet, dessen Gedanken sich um die letzten Dinge des Lebens, die großen Fragen nach dem Sinn unserer Existenz drehten. Welcher von beiden der bedeutendere Dichter gewesen ist, bleibt Geschmackssache. Seine dichterische Sprache ist komplexer als die des Freundes und Bruders im Geiste. Tarancı gehörte, wie sein Freund Saba, der Dichtergruppe der „Yedi Meşaleciler" („Sieben Fackelträger") an. In der Türkei reicht man, wie mir scheint, bis heute eher Tarancı als Saba die Siegespalme. Beide waren Dichter von höchster seelischer Sensibilität, doch auch körperlich anfällig für Krankheiten.

Geboren ist er im Osten der Türkei, in der Stadt Diyarbakir. Bis heute hat Diyarbakir den Ruf, die heimliche „Hauptstadt" der Kurden in der Türkei zu sein, doch trifft dies nur mit Einschränkungen zu. Cahit Sitki entstammte einer angesehenen Familie von Honoratioren und wuchs in einem schönen osmanischen Haus aus dem 18. Jahrhundert auf. Ich habe es vor vielen Jahren selbst besucht und war angenehm überrascht von dem einnehmenden Ambiente dieses Konaks, dessen Wohnräume um einen schönen Patio geschart sind. Das Haus Cahit Sitkis ist längst zu einem Museum umgestaltet worden, das Gegenstände, Bücher, Manuskripte und Fotos dieses Dichters und seiner Familie zeigt. Cahit Sitki gehörte augenscheinlich besseren Kreisen an.

Die Familie sandte ihren Sohn schon bald aus der anatolischen Provinz in die Weltstadt Istanbul, wo er auf dem berühmten Galatasaray die Schulbank drückte, zusammen mit anderen Mitschülern, die sich später auf vielen Gebieten in der neuen Türkei einen Namen machten. Nach dem Gymnasium absolvierte Cahit Sitki die höhere Verwaltungsfachschule, die Mülkiye, die, wie auch das Galatasaray, im 19. Jahrhundert vom Sultan als Beamtenschmiede für das Osmanische Reich gegründet worden war, aber auch in der jungen Republik ihre Aufgabe erfüllte. Sie existiert noch heute.

Durch ein weiterführendes Studium wollte der Dichter seine Ausbildung in Paris vollenden, doch machte der Ausbruch des Zweiten Weltkrieges diese Pläne zunichte. Nach seiner vorzeitigen Rückkehr in die Heimat war er viele Jahre als Übersetzer in der Hauptstadt Ankara tätig, ein Beruf, den viele türkische Autoren ausgeübt haben. Bis in die jüngste Zeit hinein war es für türkische Autoren schwierig, ja oft unmöglich, von ihrer Dichtung zu leben, sodass viele um ihres Auskommens willen einen „Brotberuf" wählten. Im Jahre 1954 erkrankte er so schwer an Tuberkulose, dass man ihm zu Hause nicht mehr helfen konnte; er ging nach Wien, wo er zwei Jahre später in einem Sanatorium verstarb, nur ein Jahr vor dem Tod seines Freundes Ziya Osman Saba.

Was ihre geistige Persönlichkeit angeht, so könnte man beide Dichter fast als Zwillinge bezeichnen.

Zur Einstimmung in die poetische Welt dieses Dichters sei mit seinem bekanntesten Poem begonnen, dem

Otuz beş yaş şiiri / Gedicht über das fünfunddreißigste Jahr.

Sein Thema ist das Vergehen der Zeit in seiner ganzen Unerbittlichkeit, das Leben wird als das „Sein zum Tode", um mit Kierkegaard zu sprechen, empfunden. Angeregt wurde es wahrscheinlich, wie die zweite Zeile deutlich macht, durch die Lektüre von Dantes Göttlicher Komödie, die mit den berühmten Versen beginnt: „Nel mezzo del camin di nostra vita / Mi ritrovai in una selva scura" („In der Mitte unsres Lebens angekommen, fand ich mich in einem dunklen Walde wieder").

Fünfunddreißig Jahre, die Hälfte des Weges,
Wie Dante in der Mitte des Lebens.
Die Kraft unserer Jugendzeit vergeht,
Ungeachtet deiner Tränen
Sind Bitten und Flehen vergebens.

Schneite es auf meine Schläfen? Was ist das?
Gehört mir, mein Gott, dies faltige Gesicht?
Und die blauen Ringe unter den Augen?
Warum seid ihr plötzlich Feinde, ihr Spiegel,
Die ich immer für meine Freunde hielt?

Wie sich der Mensch mit der Zeit verändert!
Der Mann auf den Bildern – das bin ich nicht.
Wo sind jene Tage, wo Lust und Begeisterung?
Dieser lachende Mann, das bin ich doch nicht.
Lüge ist diese Sorglosigkeit. Lüge.

Aus dem Bilderdämmer taucht erste Liebe auf,
Selbst die Erinnerung daran ist uns nun fremd.
Auch von unseren Freunden, so alt wie wir,
Haben sich längst die Wege getrennt.
Mit der Zeit wächst unsere Einsamkeit.

Sogar der Himmel hat eine andere Farbe!
Zu spät merkte ich, dass Stein hart ist,
Dass Wasser den Menschen ertränkt, Feuer
Verbrennt:
Dass jeder Tag nur Schmerz ist,
Erkennt der Mensch erst in diesem Alter.

Gelb die Quitte, rot der Granat, nun Herbst.
Jedes Jahr gleiche ich ihm etwas mehr.
Warum kreisen diese Vögel am Himmel?
Woher diese Leiche – der Tote ist wer?
Wie viele zerstörte Gärten habe ich geseh'n?

Tod, was suchst du denn bei den Menschen?
Du schliefst ein, wachtest nicht auf, so wird es sein.
Wer weiß wo, wie, und in welchem Alter

Man Sultan sein wird bei dem Totengebet,
Auf jenem Aufbahrstein, der einem Throne gleicht?

Tod und Vergänglichkeit, hier in beeindruckender Weise zur Sprache gebracht, sind ja – neben der Liebe – die ewigen Themen der Lyrik. Doch neben diesem objektiven, alle Zeiten überdauernden Sachverhalt, kann man sowohl bei Tarancı als auch bei Saba die Konzentration auf die *Kontingenz* allen Lebens auch stärker auf die Zeit bezogen deuten: als Ausdruck jener Epoche der existenziellen Unsicherheit, die damals die Türkei begleitete – auf dem Weg einer Neuorientierung vom zusammengebrochenen Osmanischen Reich hin zu einer neuen türkischen Nation, die sich erst einmal erfinden musste. Dabei stützte man sich, wie auch schon in spätosmanischer Zeit, auf französische Ideen und Anregungen. Die politischen und kulturellen Veränderungen betrafen die Schriftsteller und Dichter der Türkei auf eine ganz besondere Weise. Man hat darauf hingewiesen, dass in dieser Epoche gerade auch der Status der Autoren sich radikal veränderte. Hatte in früheren Zeiten der Sultan, der Hof, die Dichter alimentiert oder doch in irgendeiner Weise unterstützt (viele von ihnen waren Beamte oder Religionsgelehrte), so mussten sie sich jetzt in einer Welt zurechtfinden und auch finanziell überleben, die völlig unsicher war. Es galt, die Stellung des Dichters in der Gesellschaft neu zu definieren. Fast alle Autoren mussten entweder beim Staat oder, wir haben schon darauf hingewiesen, in den Zeitungsredaktionen einen „Brotberuf" ausüben, um über die Runden zu kommen. Viele von ihnen waren Lehrer oder Übersetzer für die westlichen Sprachen, welche sie erlernt hatten, hauptsächlich Französisch, dann vermehrt Deutsch und Englisch.

In den vergangenen Jahrzehnten hat sich die Situation übrigens ein wenig zum Besseren gewendet, doch können noch immer sehr wenige Dichter der Türkei von ihren Werken leben. Man muss schon ziemlich bekannt sein, möglichst auch im Ausland, damit das gelingt.

In vielen seiner Verse antizipierte Tarancı den Tod, führte er sich vor sein geistiges Auge, wie seine eigene Beerdigung wohl vonstatten gehen werde. Schon die letzten Verse des oben zitierten Gedichtes sprechen ja davon. Bekannt wurde folgendes Gedicht aus seiner Feder:

Da der Gebetsruf erschallt,
vom Minarett der Großen Moschee,
obwohl nicht Freitag ist,
muss einer gestorben sein im Viertel.

Nun!
Auch wir werden eine Leiche sein wie diese.
Ernst und würdig ziehn wir durch die Straße
Auf Schultern, die wie Wellen schaukeln.

Unsere deutsche Dichtung kennt diese Form der a priori Vergegenwärtigung des eigenen Todes aus mancherlei Beispielen, etwa Rilkes „O Herr, gib jedem seinen eigenen Tod“ oder das noch berühmtere „Denk es, o Seele“ von Mörike. Dass Tarancı Rilkes Gedichte gekannt hat, ist wahrscheinlich, weniger wahrscheinlich jedoch ist seine Bekanntschaft mit dem Werk des schwäbischen Romantikers. Doch dessen bedarf es wohl auch nicht: Die ältere Lyrik und Epik seiner Heimat, die osmanische Poesie, ist, sofern sie vom Sufismus (tasavvuf) beeinflusst ist, voll von solchen Stellen der Todes-Antizipation. Vor allem bei den Mevlevi-Poeten ist dies der Fall. Und die Lehren und Praktiken der islamischen Mystik waren einem Dichter wie Cahit Sıtkı Tarancı natürlich bekannt. Die Mevlevi-Dichter (und Musiker) bezogen sich auf den mystischen Dichter und Philosophen Mevlâna Celâleddin Rumi (1207–1273), der die irdische Liebe und die Gottesliebe miteinander verschmolz, als Weg zur Überwindung der egoistischen Ichkräfte; die selbstlose Liebe ist schon ein kleiner, vorweggenommener Tod, in dem die Gegensätze alles Irdischen in der *unio mystica* aufgelöst werden.

Wie bei seinem Freund und Dichter-Kollegen Ziya Osman Saba wäre es allerdings falsch, in Cahit Sitki einen unpolitischen, an Fragen der Gesellschaft und Politik nicht interessierten Metaphysiker zu sehen. Es gibt Gedichte, in denen er eine harmonische Welt herbeisehnt, das heißt, ein Gegenbild zu den realen Verhältnissen entwirft. Um dies zu illustrieren, sei sein wohl bekanntestes Gedicht „Memleket isterim“ („Ich will ein Land“) angeführt, aus dem der Traum einer Utopie spricht, der Wunsch nach der politischen und gesellschaftlichen coincidentia oppositorum:

Memleket isterim / Ich will ein Land

Ich will ein Land
Mit blauem Himmel, grünen Zweigen, gelben Feldern.
Ein Land der Vögel und der Blumen soll es sein.

Ich will ein Land
Ohne Sorgen im Kopf, ohne Sehnsucht im Herzen.
Ein Land ohne Bruderzwist soll es sein.

Ich will ein Land
Ohne Unterschied von Arm und Reich, Ich und Du.
Ein Land ohne Obdachlose winters soll es sein.

Ich will ein Land
In dem man aus dem Herzen lebt und liebt.
Ohne Klage, außer der über den Tod, soll es sein.

Immer wieder, so auch in diesem Gedicht, kehrt der Autor zurück zu seiner eigentlichen Obsession: dem Verhältnis zwischen Leben und Tod, Diesseits und Jenseits. Auch die ideale Gesellschaft wird nichts an der Sterblichkeit des Menschen ändern können. Und seine dichterische Imagination vermag sich sogar in einen nachtodlichen Zustand zu versetzen, wie in dem berühmten Gedicht „Ölümden sonra – Nach dem Tod“:

Ölümden sonra / Nach dem Tod

Wir starben, vom Tod einiges erhoffend,
In einer großen Leere wurde der Zauber gebrochen.
Wie solltest du dieses Licht nicht erinnern,
Das Stück Himmel, das Bündel Zweige, die Vogelfeder,
Zu leben war etwas Gewohntes für uns.

Nun keine Nachricht mehr aus jener Welt.
Niemand sucht uns oder fragt nach uns.
So finster ist unsere Nacht, dass es egal ist,
Ob wir ein Fenster haben oder nicht:
Keine Spur mehr im Wasser von unserm Spiegelbild.

Dieses Gedicht ist nicht gerade eine positive Jenseits-Vision, wie sie ein naiv aufgefasster, unreflektierter Glaube verheißen mag. Es ist eben eine „Anderswelt“, die beschworen wird, das Jenseits erscheint als radikaler Bruch mit dem Leben, nicht als seine Verlängerung oder gar einfältige, anthropomorphe Verdoppelung. Diese Verdoppelung ist von Tarancıs Freund Ziya Osman Saba gelegentlich ironisiert worden. Die Anderswelt ist so anders, dass noch nicht einmal ein Fenster, wenn es denn existierte, helfen könnte, eine Verbindung zwischen beiden Welten herzustellen.

Wie wichtig indes die Fenster-Metapher für den Dichter ist (sie kommt auch bei Ziya Osman Saba vor), zeigt ein anderes, kurzes Poem, das ebenfalls besonders populär geworden ist:

Gün eksilmesin penceremden /
Der Tag soll nie vor meinem Fenster fehlen

Weder habe ich vom neuen Tag Gewinn
Noch findet sich einer, der mich versteht.
Ach, mein Tod zieht an mir vorbei,
Dann dieser Vogel, dieser Garten, dies Licht.

Und das Herz spricht zu seinem Gott:
„Vor Deinem Leiden fürcht' ich mich nicht,
Zu jedem Elend sage ich ja, wenn nur
Der Tag nicht vor meinem Fenster fehlt“.

Hier gelangt der Dichter zu einer Ausgewogenheit seiner Vorstellungen vom Leben, das Diesseits und Jenseits umspannt, zu einer Harmonie, die einerseits am Leben hängt, andererseits sich darauf einstellt, dass Gott Prüfungen schickt.

Das Paradies erscheint in den klassischen Vorstellungen des Korans als Garten (bahçe), die Seele als Vogel (kuş), Gott als Licht (nur), wie ihn der berühmte Lichtvers, ayat al-nur, des Korans (24, 35) den Gläubigen nahebringen will, in dem es heißt: „Gott ist das Licht des Himmels und der Erde. Er gleicht dem Licht einer Nische, in der sich eine Lampe befindet. Die Lampe ist in einem Glas. Und das Glas gleicht einem flimmernden Stern. Es speist sich von einem gesegneten Ölbaum, weder vom Osten noch vom Westen, dessen Öl fast schon leuchtet, auch ohne das Feuer zu berühren. Licht über Licht!"

Der Titel dieses Gedichts wurde auch für eine Anthologie übernommen, die im Jahre 2006, also fünfzig Jahre nach dem Tod des Dichters, kleine Prosaerzählungen und -skizzen von Cahit Sitki versammelt. Es sind Perlen, kleine Schmuckstücke türkischer Prosa, die man zu diesem Band zusammengestellt hat. Im Mittelpunkt dieser Kurzgeschichten steht abermals der Mensch, welcher der Zeitlichkeit und der Vergänglichkeit ausgesetzt ist – jenen beiden Existenzialien, gegen die kein (irdisches) Kraut gewachsen ist, mag sich der moderne Mensch auch noch so sehr als Prometheus gebärden und Zeitlichkeit und Vergänglichkeit verdrängen.

Auf die gesellschaftlich veränderten Bedingungen des „Dichterberufs", jene völlige materielle Verunsicherung, die in den Werken der türkischen Poeten jener Jahre zu spüren ist, haben wir schon hingewiesen. Doch wichtiger für die Gestaltung des Themas Kontingenz scheint mir sowohl bei Cahit Sitki als auch bei Ziya Osman Saba die eigene Krankheit zu sein, die beide Dichter früh dahinraffte und die letzten Jahre ihres Lebens überschattete. Wer die eigene Vergänglichkeit durch schwere Krankheit so erfährt, wie diese beiden Zwillinge der türkischen Poesie, kommt an ihrer Thematisierung im Werk kaum vorbei. Freilich, ebenso richtig ist, dass die Lyriker aller Zeiten, Sprachen und Epochen dem Thema der *vanitas vanitatum* nahe gestanden haben, einmal mehr, einmal weniger.

Zu den Themen, die bei Tarancı eine besonders wichtige Rolle spielen, gehört angesichts der Vergänglichkeit natürlich die Erinnerung. Mit ihr hofft der Mensch ja doch, seiner Kontingenz auf irgendeine Weise zu entkommen, ihr wenigstens im Geiste Einhalt zu gebieten. Erinnerungsgedichte hat Tarancı ebenfalls mit seinem Freund Saba gemein, und oft sind sie im Stil sogar ganz ähnlich:

Bugün Cuma / Heute ist Freitag

Heute ist Freitag,
An meine Großmutter erinnere ich mich,
Und ihretwegen an meine Kindheit,
An jene unendlich langen Tage!
Tage, an denen das Stück Brot auf den Boden fiel,
An denen ich küsste, meinen Kopf hochtrug.

Wenn es wahr ist, dass es ein Jenseits gibt,
Wie ich damals glaubte,
Ist auch dort heute Freitag,
Meine Großmutter verrichtet gerade das Gebet,
Keine fremde Hand berührt ihren Gebetsteppich,
Aus dem hochedlen Mekka herbeigebracht.
In ihrem Gebet soll sie mich bloß nicht vergessen,
Das wünsche ich mir, meiner Sünden gedenkend.

Das Wort Spiegel (ayna) kommt in diesem Gedicht nicht vor, doch lebt es von der Vorstellung, im Jenseits spiegele sich exakt das diesseitige Leben, eine Imagination, wie sie der einfache Muslim haben mag, die der intellektuelle Dichter jedoch abgelegt hat. Auch bei Ziya Osman Saba gibt es solche Gedichte mit der Spiegel-Metapher. Dies hindert niemanden daran, auf eine tiefere Weise religiös zu sein, wie Cahit Sitki es zweifelsohne war.

Nü / Akt

In meiner schlaflosen Nacht eine Frau,
Im Mondlicht ihrer Augen,
Ihr Körper weiß wie Schnee,
Ihre Haare wie ein Schatz aus Gold.
Weder kennt sie meine Lust,
Noch weiß sie, dass sie nackt ist.

In diesem erotischen Gedicht verschmelzen Traum und Imagination zu einer Phantasmagorie. Zu jener Zeit waren Gedichte solchen Inhalts in der konservativ-prüden Gesellschaft der Türkei (in Sachen Sexualität ist die Türkei, gemessen an europäischen Verhältnissen, auch heute noch oder wieder konservativ) eine provozierende Sensation. Im Zeitalter Recep Tayyip Erdoğans ist die Gesellschaft des Landes nicht nur politisch gespalten, sondern auch sozial und axiologisch. Das gegenwärtig herrschende Regime repräsentiert zu großen Teilen Anhänger des orthodoxen sunnitischen Islams mit seinem oft strikten Wertesystem, während die andere Hälfte liberale und alternative Moral- und Lebensentwürfe entweder toleriert oder fördert. Diese Spaltung, dieser Konflikt ist auch in der Literatur deutlich spürbar.

Kirik kalpler / Gebrochene Herzen

Zwei Kinder wir, denen die Liebe den Kopf verdreht,
Einen Frühling blühte jene Blume, ich war das Blatt,
O mein Gott, wie schön war es, ineinander verliebt zu sein,
Dass die Welt aus Liebe bestehe – das glaubten wir.

Wer verwirrte uns, was wollte er von uns?
War's der böse Blick, was geschah dieser Liebe?
Voneinander haben sie uns getrennt,
Nicht nur das Auge, sondern auch das Herz geteilt.

Die Liebe war unser, bei ihnen der Verstand,
Das Schicksal, tückisch, neigte sich ihnen zu,
Je ein zerbrochenes Herz ließen sie uns zurück,
Und eine Tränenflut für unseres Lebens Rest.

Die Hintergründe dieser gescheiterten Liebesbeziehung des Dichters sind uns unbekannt; doch muss es eine besonders schmerzliche Erfahrung gewesen sein. Auffällig ist die Verwendung des Wortes „felek“ für das Schicksal. Es steht für das Unberechenbare und Unvorhersehbare eines ungerechten, unverständlichen Geschicks. Vor allem in der klassischen Poesie der Perser ist das Schicksalsrad, das tscharch-e falak, allgegenwärtig, und oft ist nicht klar auszumachen, ob dieses blinde Schicksal ein Relikt aus „heidnischen", vorislamischen Zeiten ist, oder ob der Dichter es sogar mit Gott identifiziert und darob mit diesem hadert. Das unergründliche Schicksalsrad oder Himmelsrad ist wegen des persischen Einflusses auch fester Bestandteil der alten poetischen Sprache in der Türkei, aber auch bei den anatolischen Volksbarden mit ihrer Neigung zur volkstümlichen Mystik verbreitet.

Bedeutendster Vertreter dieser Volksdichtung, die oft mit den Mächten des Geschickes hadert, war im vorigen Jahrhundert der blinde Barde Asik Veysel (1894–1973). Das Gedicht von den gebrochenen Herzen erinnert nach Inhalt, Ton und vierzeiliger Strophenform an diese äußerst volkstümliche Lyrik Veysels. Es ist eine gelungene Synthese aus Moderne und Tradition.

*

„Bei Tag und Nacht nur laufe ich“

Über den türkischen Volksdichter Aşık Veysel

Der Name des türkischen Volksdichters Aşık Veysel ist in den vorangegangenen Essays schon etliche Male erwähnt worden. Nun ist es an der Zeit, diesen in der ganzen Türkei populären Poeten und seine Dichtung vorzustellen, andernfalls unser kleiner Abriss der türkischen Moderne unvollständig wäre. Denn Veysels Werk entstammt einer Quelle, aus der die bisher behandelten Dichter und Autoren nicht unmittelbar schöpfen konnten. Zwar haben sich alle modernen Dichter der Türkei im weitesten Sinne vom „Volk“ inspirieren lassen, doch gehörten sie den sogenannten gebildeten Schichten in den Städten an, während ein Dichter wie Veysel das flache Land repräsentiert, das anatolische Hochland der Nomaden und Bauern. Die Provinz, wenn man so will. Es ist ein vergleichsweise rauhes Land, heiß und trocken im Sommer, kalt und schneereich im Winter, insbesondere im Osten, und dennoch auch eine der Wiegen unserer Zivilisation. Die Neolithische Revolution des Menschen, jene Epoche, da er vom umherschweifenden Jäger und Sammler zum sesshaften Menschen wurde, hat dort zahlreiche archäologische Spuren hinterlassen.

Viele Jahrhunderte lang hat der Bewohner Anatoliens im Schatten der osmanischen (Groß)-Stadtkultur mit ihrer verfeinerten Zivilisation gestanden; die Bauernsöhne stellten die Masse der Soldaten des Heeres, den „Mehmetçik“, den „kleinen Mehmet“, wie die Rekruten und einfachen Soldaten bis heute in der Türkei genannt werden.

In republikanischer Zeit erlebte der Anatolier eine ideologische Aufwertung. Der neue und junge Nationalstaat, die Türkische Republik (Türkiye Cumhuriyeti), erklärte den Anatolier seit 1923 offiziell geradezu zum „Salz der Erde“. Nicht mehr der Effendi, der Bürger der Stadt, vornehmlich Konstantinopels, sollte die neue Türkei repräsentieren, sondern der anatolische Provinzler, war doch auch Anatolien (Anadolu, das Land des Sonnenaufgangs, der Osten) nun auch zum geographischen Kern und Zentrum des neuen Staates avanciert. Die zentralanatolische Stadt Kayseri wurde zum geographischen Mittelpunkt des Landes.

Unter dem Einfluss dieser Lehre, die auch eine radikale Aufwertung des Wortes „türk“ (Türke) mit sich brachte, wandte man sich mehr und mehr nicht nur der Volkskunde Anatoliens, sondern auch der Volksdichtung und ihrer kulturellen Voraussetzungen zu. Schon der kommunistische Dichter Nâzim Hikmet hatte mit seinem Dichter-Kollegen Vâlâ Nurettin (Vâ-Nû, 1901–1967) im Jahre 1922 Anatolien durchstreift und Einblicke in die Lebensverhältnisse und Denkweisen des Volkes gewonnen, die ihm, dem aus dem gehobenen Bürgertum Salonikis stammenden Angehörigen der Pascha-Schicht, bis dahin völlig fremd gewesen waren. Nun lernte er das türkische Volk recht eigentlich kennen. Jahre später kam die sogenannte Dorfliteratur auf, deren Autoren sich bemühten, die Lebensverhältnisse der anatolischen Provinzler und Kleinbürger in Romanen und Erzählungen zu gestalten. Aus dieser Sonderform der türkischen Literatur entwickelte sich die Regionalliteratur, als deren berühmtester Autor der vielfach preisgekrönte Yaşar Kemal (1923–2014) gelten kann. Seine Region war vornehmlich der Taurus und die Kilikische Ebene, aus der er stammte. Andere Schriftsteller widmeten sich den Verhältnissen in Zentralanatolien oder an der lykischen Küste. Oder sie wählten sich die Ägäis-Küste als Hintergrund für ihre Romane und Erzählungen.

Aşık Veysels Leben und Werk hingegen entführen uns nach Ostanatolien.

Ich selbst hörte erstmals im Jahre 1974 von diesem Dichter. In der Württembergischen Landesbibliothek in Stuttgart machte ich die Bekanntschaft eines türkischen Studenten namens Faruk. Er hatte registriert, dass ich mich mit *Turcica* beschäftigte und verwickelte mich in ein Gespräch über türkische Geschichte und Literatur. Obwohl Student der Ingenieurwissenschaft, verfügte er über ein großes Wissen auf diesen Gebieten; und er sammelte, wie er sagte, Bücher über die türkische Volksliteratur. Dann nannte er den Namen Veysels und versprach, mir ein Buch über diesen „Volksbarden“ (ozan), wie er ihn nannte, zu besorgen. Dies tat er auch.

Das Buch besitze ich noch heute: „Auf langem schmalem Weg Aşık Veysel. Eine Untersuchung über sein Leben, seine Kunst, seine Werke“, erschienen 1993, von Adnan Binyazar. Der Titel zitiert eine Verszeile des Poeten. Binyazar war zu jener Zeit einer der führenden jungen Literaturwissenschaftler der Türkei. Es ist ein schmales Bändchen von gerade einmal 171 Seiten in schlechter Bindung. Es enthält eine Einführung in Leben und Werk Veysels, eine ganze Anzahl seiner Gedichte sowie ein kleines Glossar alter Wörter oder ostanatolischer Dialektausdrücke samt ihrer neutürkischen Entsprechung. Adnan Binyazar, Jahrgang 1934, war der richtige Autor für diese Art von Literatur, denn er war selbst Ostanatolier, geboren in Diyarbakir als Sohn einer Familie, die noch nomadisiert hatte. Mit seiner Lektüre begann meine Beschäftigung mit den türkischen Volkssängern. Aşık Veysel war so etwas wie der letzte Klassiker dieses Genres. Es ist erfreulich, dass im Jahre 2004 eine Dissertation in deutscher Sprache über Veysel publiziert wurde. Der Verfasser heißt Murat Bulgan: „Aşık Veysel (1894–1973). Leben und Wirken eines türkischen Volkssängers" (Köln 2004). Dass sich türkische Literaturwissenschaftler des Dichters in mannigfacher Weise angenommen haben, versteht sich von selbst.

Die türkischen Volkssänger pflegten eine Kunst, die himmelweit von der klassischen Diwan-Dichtung entfernt war. Ihre Verse waren (und sind) einfach, ohne primitiv zu sein. Meistens sind es Strophen mit jeweils vier Versen, entweder im Paar- oder im Kreuzreim, also aabb oder abab, Und die Versmaße sind silbenzählend. Das türkische Wort „aşık" kommt von dem Wort „aşk", welches ein Lehnwort aus dem Arabischen ist. Es bedeutet Liebe, davon abgeleitet ist ein „aşık" ein Liebender. Gemeint ist damit, dass diese Volkssänger dem Volk die Lehren der Liebes-Mystik nahebringen, wie sie von islamischen Sufis und Denkern entwickelt worden sind. Gottesliebe ist das Fundament für die Menschenliebe, die ihrerseits sich in Altruismus, Toleranz und Solidarität niederschlagen soll. Liebe, nicht Gehorsam ist auch der Kern der Religion. Diese in Verse gebrachte Botschaft wird von den Volksbarden bis heute in der Regel zu den Klängen der anatolischen Langhalslaute (bağlama, saz) vorgetragen, weshalb man die Aşıks auch gerne als *saz sairleri*, Saz-Dichter, bezeichnet. Diese Volksdichtung und ihre Melodien werden als eine ungebrochene Tradition gepflegt, in Anatolien ebenso wie unter Türken in der neuen europäisch/deutschen Heimat, wobei mittlerweile eine gewisse Kommerzialisierung eingesetzt hat. Freilich: Jeder heute aktive Bağlama-Sänger kennt Veysel und seine bekanntesten Gedichte. Im Jahre 1984 erschien eine Gesamtausgabe seiner volkstümlichen Poesien.

Veysel, seit 1934 Veysel Şatiroğlu, wurde 1894 in dem Dorf Sivrialan, im Landkreis Sarkişla bei der Stadt Sivas geboren. Seine Mutter hieß Gülizar, sein Vater, ein Bauer, nannte man den „schwarzen Ahmed“, Ahmet Karaca. Die Familie gehörte dem Clan der Şatiroğlu, dessen Name Veysel schließlich als Familienname annahm, als diese in der Türkei eingeführt wurden.

Die Familie Veysels musste grausame Schicksalsschläge hinnehmen, die den Dichter prägten und lebenslang sein Denken und Schaffen beeinflussten. So starben seine beiden Schwestern an den Pocken. Als er sieben Jahre alt war, wurde die Region Sivas neuerlich von einer Pocken-Welle heimgesucht. Veysel überlebte, erblindete jedoch auf dem linken Auge. Auch das andere Auge war betroffen, hätte jedoch gerettet werden können. Durch einen Unfall – über dessen Hergang es unterschiedliche Versionen gibt – verlor er jedoch auch das rechte Auge und war völlig erblindet. Der Vater kaufte ihm daraufhin eine Langhalslaute und sorgte für einen ersten Unterricht bei bekannten Bağlama-Spielern. Es stellte sich heraus, dass der Vater genau das Richtige getan hatte.

Der junge angehende Musiker und Dichter wurde mit der Jahrhunderte zurückreichenden großen Tradition der anatolischen Volksbarden bekannt, so mit den Gedichten von Pir Sultan Abdal oder Karacaoğlan, die zu den Klassikern der türkischen Literatur gehören. Vor allem Pir Sultan begeisterte ihn. Dieser Volksdichter war sozusagen ein Landsmann, denn er hatte im 16. Jahrhundert in der Region von Sivas gelebt und gewirkt. Seine in religiösen Dingen „ketzerischen“ Auffassungen hatten ihn bei der sunnitischen Staatsmacht verdächtig gemacht, ihn selbst zum Märtyrer, denn der Gouverneur der Gegend, Hizir Pascha, ließ ihn hinrichten.

Auch die Familie Veysels war alevitisch geprägt. Bis heute ist das Alevitentum eine mächtige Strömung im türkischen Islam, der etwa ein Viertel aller Türken angehören. Doch seit ihrer Entstehung wird diese Richtung von der Mehrheit unterdrückt, teilweise brutal verfolgt, das Problem ist auch in der modernen Türkei niemals gelöst worden. Das Alevitentum (alevilik) gehört zu den interessantesten und faszinierendsten Erscheinungen innerhalb des Islams. Man kann es mit wenigen Worten definieren als „Zwölfer-Schiismus ohne Scharia“, das heißt ohne Religionsgesetz. Neben Gott und Mohammed, dem Propheten des Islam, verehren die Aleviten, wie alle Schiiten, den leiblichen Vetter und Schwiegersohn des Propheten Ali Ibn Abi Talib. Sie sind also Ali-Verehrer, sogenannte Aliden. Nach ihrer Überzeugung hatten nur Ali und seine Nachkommen, die Imame der Schia, ein legitimes Recht auf die Nachfolge des Propheten, als dieser gestorben war. Im Unterschied zu den Siebener-Schiiten verehren die türkischen Aleviten jedoch zwölf Imame, wie die Schiiten in Iran. Doch im Unterschied zu diesen lehnen sie das Scharia-Recht und Gesetz ab, haben sie eine eigene, viel liberalere Lebensordnung und Regelungen geschaffen. Ihre beiden größten Denker, Haci Bektaş Veli und Balim Sultan, haben eine Konfession entwickelt, die man als Ethik auf der Grundlage einer religiös-mystischen Metaphysik charakterisieren könnte. Der sunnitischen Gesetzesreligion, der man gehorchen muss, wird eine Konfession der Einsicht in die ethischen Werte entgegengesetzt. Wer mit dem Verstand einsieht, dass Völlerei und Prasserei den Menschen krank machen, wird qua Einsicht Maß halten. Dies, vor allem das Maß, gilt für alle Bereiche, auch die Sexualität. Eine in vielem rigide Moral, wie sie der Gesetzes-Islam liefert, soll einer Moral der Einsicht und der – modern gesprochen – Selbstbestimmung weichen.

Die Aleviten haben eigene religiöse Schriften hervorgebracht, auf die sie sich – neben dem Koran – beziehen. Sie beten nicht in Moscheen, sondern in eigenen Gemeindehäusern, den cemevi, und zwar Männer und Frauen gemeinsam. Man trägt dort religiöse Hymnen vor. Dies hat auf Seiten der sunnitischen Orthopraktiker immer wieder zu wilden Gerüchten über „alevitische Orgien" Anlass gegeben. Auch christliche Elemente finden sich in Vorstellungen und im Ritus der Aleviten. Mit den Bektaschi, einem auf Haci Bektaş Veli zurückgehenden „Orden", haben sie eine eigene mystisch-philosophische Bruderschaft (tarika) gegründet, die im Osmanischen Reich hauptsächlich die Feldprediger des Heeres, insbesondere der Janitscharen-Truppe stellte.

Von Religionssoziologen wird das Alevitentum als die Religion jener Turkmenenstämme bezeichnet, die vor knapp tausend Jahren nach Anatolien einströmten und nicht den Hochislam annahmen, wie die späteren Eliten der Seldschuken und Osmanen. So ist ein großer Teil der anatolischen Nomaden- und Bauernbevölkerung vom Alevitentum geprägt worden. Das gilt bis heute. Das Alevitentum ist volksverbunden und weniger abstrakt-gelehrt als der Hochislam. Führer der Gemeinde sind die Dedeler, nicht die gelehrten ulema, wie im übrigen Islam. Diese Volksverbundenheit machte die alevitischen Dichter zu Kommunikatoren der Nöte, Sorgen und Bedrängnisse des Volks, dessen Leiden sie mit der Lehre der schiitischen-Märtyrer-Imame in Verbindung bringen konnten. So wurde die alevitische Lyrik der ozanlar, der Volkssänger, politisch. Wie eben bei Pir Sultan Abdal und Karacaoğlan, mit dessen Dichtungen Veysel bekannt wurde.

Das Schicksal hatte den jungen Dichter indes noch nicht genug geprüft. Seine Frau verließ ihn mit einem Bediensteten kurz nach der Geburt seiner Tochter, mit der der blinde Mann nun allein gelassen wurde. Dann starben beide Eltern. Man kann verstehen, warum das Schicksalsrad, der Himmel (felek), eine so wichtige Rolle in Aşık Veysels Liedern und Gedichten spielt. Seine Gedichte thematisieren grundlegende Themen des Mensch-Seins, die Existenzialien. Neben Lebensfreunde steht die Trauer über die Brüchigkeit und Kontingenz des Lebens. Der Optimismus wird ebenso besungen wie Pessimismus und Verzweiflung. Die Natur, gesellschaftliche Ereignisse, Politik und Religion finden ihren Platz in seinen Liedern und Gedichten. Dabei bilden Ironie und Kritik den Unterton, in der besten Tradition der anatolischen Volkssänger. Es ist nur natürlich, dass Veysels private Schicksalsschläge, vor allem seine Erblindung, in seinen Gedichten eine wichtige Rolle spielen. Seitdem wurde ihm die Welt in gewisser Weise zu einem Kerker (zindan).

Veysels Weltbild ist mystisch und erdhaft zugleich. Es ist Gott zugewandt, mit dessen Ratschlüssen der Dichter allerdings – nicht zuletzt wegen seines persönlichen Schicksals – zuweilen auch hadert. Dies freilich ist beste Übung unter den Sufis, den Mystikern des Islam. Was Veysels Mystik allerdings von derjenigen der übrigen „klassischen" Sufis in der Art Mevlâna Celâlettin Rumis unterscheidet, ist ihr „handfester", der Erde als der Heimat des Menschen, auf der und von der er lebt, zugewandter Charakter. Seine Mystik ist also weniger platonisch und idealistisch, als vielmehr konkret mit dem Lebensvollzug der anatolischen Menschen, der Bauern vor allem verbunden. Gott zeigt sich in der Erde, ihrer Fruchtbarkeit. Mit einer fatalen „Blut- und Bodenideologie" hat dies freilich nicht das Geringste zu tun, sondern diese Vorstellungen fast pantheistischer Natur spiegeln die Erfahrungen, die Freuden, Sorgen und Nöte der anatolischen Bauernbevölkerung seit Jahrhunderten wider. Die islamische Liebesmystik ist bei Veysel, anders als bei Mevlâna, keine intellektuelle, zutiefst philosophisch untermauerte „Lehre“, die den Menschen als Ethik und Weltinterpretation empfohlen werden soll, sondern aus der täglichen Notwendigkeit, sprich dem Zusammenspiel von Mensch und Natur (Acker und Vieh) geborene konkrete Lebenshaltung.

Für diese konkretere Gottes- und Menschenliebe, die die gesamte Natur umgreift, verwendet diese Art der Mystik ebenso das Wort „aşk“ (Liebe), wie in den Lehren anderer Sufis, die nicht aus dem Alevitentum kommen, sondern aus dem Hochislam. Und jene, die solche Ideen in das Volk tragen, nennen sich eben „aşık“ oder, im Plural „aşıklar“, das heißt „Liebende“. Diese anatolischen Volksdichter stehen für eine Tradition, die die türkischen Stämme und Völker auch schon Jahrhunderte zuvor in ihrer zentralasiatischen Heimat gepflegt haben. Noch heute kann man in Turkmenistan, Usbekistan oder Kasachstan auf diese volkstümlichen Poeten treffen, die zur *kopuz*, wie man die Laute dort nennt, ihre Verse dem Landvolk darbieten.

Veysel hat bis heute einen Einfluss auf türkische Liedermacher, die entweder die klassische Tradition der ozanlar fortzusetzen versuchen oder, wie im türkischen Pop, ganz andere musikalische und textliche Wege beschreiten. Politisch war den Volksbarden immer das Volk näher als die jeweils Herrschenden, was auch damit zu tun hatte, dass das Alevitentum von den Sunniten als „ketzerisch“ betrachtet und verfolgt wurde. Auch heute ist das Verhältnis zwischen diesen beiden Konfessionen des Islam nicht gut, in der zweiten Hälfte des vorigen Jahrhunderts kam es immer wieder zu Pogromen an Aleviten, 1993 in Sivas zu einem brutalen Übergriff auf alevitische Intellektuelle. Zeitweise waren die Aleviten stark politisiert, heute besinnt man sich wieder mehr auf die religiös-ethischen Traditionen. Traditionell waren die Aleviten auch immer Anhänger der weltlichen Reformen Kemal Atatürks, wie auch dieser eine große Neigung zu ihnen und ihrer Volkspoesie hatte. Nicht umsonst war Veysels Gedicht „Kara toprak“ („Schwarze Erde“), Atatürks Lieblingsgedicht. Und Anatolien und seine Bevölkerung bildeten den Kern der neuen Nation.

Aleviten wählen in der Regel links, vor allem die von Atatürk gegründete Republikanische Volkspartei (CHP), weil sie sich vom Säkularismus oder Laizismus, den diese Partei bis heute entschiedener vertritt als andere, eine größere Freiheit versprechen, als von jenen Parteien, die sich auf die sunnitische Mehrheit stützen. Bis heute sind leider alle Versuche, Sunniten und

Aleviten einander anzunähern, das heißt, Letzteren zur Gleichberechtigung zu verhelfen, gescheitert.

Aus den Gedichten Aşık Veysels

Dostlar beni hatirlasin / Die Freunde solln sich mein erinnern

Ich werde gehen, mein Name bleibt,
Die Freunde solln sich mein erinnern.
Man feiert und man nimmt ein Weib,
Die Freunde solln sich mein erinnern.

Die Seele bleibt im Käfig nicht,
Die Erd' ist Herberg, man kommt, man geht.
Der Mond nimmt zu und ab, die Jahre gehn,
Die Freunde solln sich mein erinnern.

Die Seele sich vom Leibe trennt,
Nicht raucht die Esse, der Herd nicht brennt.
Viele Grüße auch – was man so nennt,
Die Freunde solln sich mein erinnern.

Wär' ich gekommen nicht, so ging ich nicht,
Mit jedem Tag mehr Schmerz anbricht.
Fremd blieb mir Heimat, blieb mir Pflicht,
Die Freunde solln sich mein erinnern.

Die Blume blüht, dann sie vergeht,
Andre dann lachen, mein Lachen ist verweht.
Der Wunsch ist Trug, nur wahr allein der Tod,
Die Freunde solln sich mein erinnern.

Erst ist es Morgen, Mittag, Abend dann,
Was alles kam, schau es dir an.
Veysel verschwindet, doch sein Name bleibt,
Die Freunde mögen sich mein erinnern.

Dieses großartige Gedicht enthält die gesamte religiös-metaphysische Welt dieses Volksdichters. In einer Sprache, die im türkischen Original noch weitaus knapper, lakonischer und parataktischer ist, fasst Veysel die Summe seines und jedes anderen Lebens zusammen, in einer philosophischen Weise allerdings, die das Paradigmatische klar herausstellt: So ist das Leben für mich, doch auch für alle anderen, die nicht mein besonderes Schicksal teilen. Das Leben ist kontingent, was nicht dasselbe ist wie „vergänglich". Kontingenz meint mehr. Der Mensch ist nur in beschränkter Weise Herr seines Geschicks, denn er besitzt keine Aseität wie Gott oder das Schicksal. Es geht dem Menschen wie allen anderen geschöpflichen, geschaffenen Dingen, die dem Wandel, schließlich dem Tod verfallen sind und dies auch nicht ändern können, jedenfalls nicht aus eigener Kraft. Blumen, die Jahreszeiten, Tag und Nacht, alles ist dem Wechsel unterworfen, einem „Stirb und Werde" im Goetheschen Sinne. Selbst die Heimat ist dem Dichter fremd geblieben, wobei Heimat hier im übertragenen Sinn auch die irdische Heimat meint. Dieser im Grunde gnostische Gedanke, der auch in der hohen Mystik Mevlâna Rumis eine wichtige Rolle spielt, prägt auch die Volksmystik. An Kargheit, aber auch an Tiefsinn kaum zu übertreffen ist der Vers „Wär ich gekommen nicht, so ging ich nicht". Er enthält ein ganzes philosophisches, gläubig-skeptisches Programm, nämlich die Frage, warum Gott Menschen schafft, die er dann dem Tod preisgibt. Pazarkaya etwa übersetzt diese Verszeile mit „Weder kommen wollte ich, noch gehen" – der Mensch wird gar nicht gefragt, ob er das Leben haben möchte oder nicht. Auch die griechische Antike kannte eine solch tragische Auffassung vom Leben.

Ein weiteres Gedicht Veysels ist individueller gehalten, versteht sich als eine Klage über sein persönliches Lebensschicksal und Geschick. Es trägt in Binyazars Sammlung den Titel:

Kayibettim baharimi yazimi / Ich verlor meinen Frühling, meinen Sommer

In jungen Jahren schlug der Himmel mein Haupt,
Er hat mir beide Augen geraubt.
Als ich heranwuchs, sieben Jahre alt,
Verlor ich meinen Frühling, meinen Sommer.

Eine Zeitlang hielt ich mich bedeckt,
Vor vielen Menschen hab ich mich versteckt.
Als ich zehn Jahr, dann fünfzehn Jahre alt,
Meinen Stil ich auf der Laute fand.

Im Jahre dreizehnhundertelf zur Welt gekommen,
Ohne sie zu sehen, hatte ich schon genug vernommen.
So war mein Schicksal, die Blumen Vorwand nur,
Mit schwarzer Tinte schrieb man meine Lebensspur.

Warum, fragt Veysel, bin ich auf die Welt gekommen?
Hab' immer nur geweint, hab' niemals auch gelacht.
Den Trost des Herzens habe selber ich vollbracht,
Mit Duldsamkeit besänftigte ich mein Selbst.

Veysels Klage über sein tragisches Leben fügt sich in die traditionellen Klagegesänge (schikwa) ein, wie sie in den orientalischen Dichtungen schon der klassischen Perser und Araber gepflegt wurden. Die Klassiker kennen schon einen tief metaphysischen, von skeptischen Untertönen begleiteten Pessimismus, der sogar ein Hadern mit Gott einschließt. Das Gedicht enthält im Original denn auch einige Begriffe, die in der islamischen Theologie und in der Mystik eine große Rolle spiele, etwa das Wort „felek", das man mit Himmelsrad übersetzen kann. Dann das Wort „kader", (Schicksal, Geschick) abgeleitet vom Arabischen al-qadar. Dieses Wort spielte schon in der frühislamischen Theologie eine Rolle, als Theologen darüber diskutierten, wie es sich mit der Prädestination, der göttlichen Vorherbestimmung, verhalte, ob der Wille des Menschen frei sei oder nicht, ob der Mensch ein willenloses Objekt der Vorherbestimmung sei oder verantwortlich für seine Tathandlungen. Der ebenfalls aus dem Arabischen stammende Begriff „levh-i kalem“ , wörtlich „Tafel der Feder“, bezieht sich auf die Vorstellung, das Schicksal des Menschen sei auf einer jenseitigen, „wohlverwahrten Tafel“ (levh-i mahfuz) von Gott schon aufgeschrieben worden. Schließlich stellt der Dichter fest, es sei ihm mit Hilfe der Duldsamkeit und Geduld (sabir) gelungen, sein Inneres zu beruhigen. Auch das türkische Wort „sabir“ ist Arabisch al-sabr. Bekannt ist der Koranvers „Allah ist mit den Standhaften, Geduldigen – Allahu maa as-sabirin“.

Wir können das Kapitel über Aşık Veysel und seine Dichtung nicht beenden, ohne auf das Gedicht „Schwarze Erde“ eingegangen zu sein. Es hat Kultstatus in der Türkei. Pazarkaya hat es meisterhaft in unsere Sprache übersetzt:

Freund, Freund rufend umarmte ich so viele
Meine wahre Liebe ist die schwarze Erd'
Vergeblich erschöpft, verirrt ohne Ziele
Meine wahre Liebe ist die schwarze Erd'.

Für viele Schöne war ich eingenommen
Hab keine Treu', keinen Nutzen bekommen
Das Gewünschte von der Erde genommen
Meine wahre Liebe ist die schwarze Erd'.

Sie gab Schafe, sie gab Lämmer, sie gab Milch
Sie gab zu essen, sie gab Brot, sie gab Fleisch
Schlug man sie nicht mit der Hacke, gab sie wenig
Meine wahre Liebe ist die schwarze Erd'.

Seit Adam setzte sie mein Geschlecht fort
Sie ließ mir Früchte reifen an jedem Ort
Trug mich täglich auf dem Haupt ohne ein Wort
Meine wahre Liebe ist die schwarze Erd'.

Mit Hacke und Spaten schlitzte ich ihr den Bauch
Mit Händen und Nägeln ritzte ich ihr das Gesicht
Dennoch empfing sie mich mit Rosen im Strauch
Meine wahre Liebe ist die schwarze Erd'.

Wenn ich sie marterte, lächelte sie mir
Ist nicht gelogen, alle sahen es hier
Ich gab einen Kern, sie gab der Felder vier
Meine wahre Liebe ist die schwarze Erd'.

Wenn ich mich zur Luft wende, schnappe ich Luft
Wenn ich mich zur Erde wende, ernte ich Segen
Verlass ich die Erd', finde ich keine Zuflucht
Meine wahre Liebe ist die schwarze Erd'.

Wenn du einen Wunsch hast, richte ihn an Gott
Bleib bei der Erde, sie gibt dir Korn und Schrot
Fruchtbarkeit ist der Erde verliehen von Gott
Meine wahre Liebe ist die schwarze Erd'.

Wenn du die Wahrheit suchst, sie ist offenbar
Schöpfer und Geschöpf stehen sich immer nah
Des Herrn verborgener Schatz in der Erde klar
Meine wahre Liebe ist die schwarze Erd'.

Alle unsre Makel deckt die Erde zu
Streicht Balsam auf meine Wunden im Nu
Mit offenen Armen erwartet sie mich dazu
Meine wahre Liebe ist die schwarze Erd'.

Wer diesem Geheimnis schenkt sein Augenmerk
Hinterlässt in der Welt ein unsterblich Werk
Wenn die Stunde schlägt, drückt sie Veysel ans Herz
Meine wahre Liebe ist die schwarze Erd'.

Pazarkaya hätte das Wort „toprak" auch mit „Erde" verdeutschen können, doch das mit Apostroph versehene „Erd'" passt viel besser, weil es den kurzen, scharfen Wortklang von „toprak" perfekt auf Deutsch wiedergibt. Die anatolische Erde ist auch ein rauhes Land. Das Gedicht ist nicht nur vom sprachkünstlerischen, poetischen Standpunkt aus genial, sondern es enthält auch wieder eine ganze Weltanschauung, in der eine gewisse mystische Religiosität auf ganz konkrete Weise „geerdet" ist, in des Wortes wahrer Bedeutung. Gott, Erde und Mensch sind eine Einheit, aufeinander bezogen, in der Fruchtbarkeit der Erde, des Bodens, den der Anatolier bestellt; aber auch in seiner Arbeit, seinem Werk, liegt etwas Heiliges, dem höchster Respekt gehört. Einmalig ist der Vers *Allah kula yakin kul da Allah* – wörtlich übersetzt: Gott dem Knechte nah, der Knecht auch Gott. Die islamische Theologie beschwört hier nicht den Siebten Himmel, sondern das konkrete Mensch-Sein, das als göttlich gefeiert wird. Dabei ist das Gedicht völlig unpathetisch und frei von jeglichem „tümelnden" Blut und Boden-Schwulst.

Den gibt es freilich hier und da auch in der türkischen Literatur.

*

Leben trotz Geschichte

Ilhan Berk und Istanbuls multikulturelle Vergangenheit

„Istanbul, Juwel du unvergleichlich …“
(Ahmet Nedim)

Der türkische Dichter Ilhan Berk (1918–2008), ein Lyriker, war, wie der ältere Yahya Kemal Beyatli (1884–1958), ein Poet der Geschichte. Er war dies freilich in einem etwas anderen Sinn als sein berühmter „Vorgänger“. Obwohl vom Datum her ebenfalls noch zu Zeiten des Sultans geboren – wenn auch mal gerade so eben –, gehört er doch einer völlig anderen Generation an, schrieb und dichtete unter ganz anderen Bedingungen und in anderen, veränderten kulturellen Zusammenhängen. Seine Sozialisation vollzog sich zu größten Teilen bereits in republikanischer Zeit, sodass die Epoche des Sultans allenfalls als flüchtiger Schatten, als ein historischer Nachhall und eine geschichtliche Coda der Kindheit in der Biographie des Dichters zu betrachten ist. Doch vielleicht war es gerade dies, was ihn dazu anregte, zumindest teilweise in die vorrepublikanische Epoche hinab zu tauchen und sie im poetischen Wort wieder aufleben zu lassen; dabei ging es ihm vor allem um die Stadt Istanbul und ihre sozusagen prismatische Bedeutung, denn in ihr bricht sich der Geist uralter Historie wie das Sonnenlicht in einem Kristall. Darin lag auch ein gewisser Reiz, denn die osmanische Vergangenheit wurde zu Zeiten der Republik nur allzu gerne denunziert.

Dennoch war Berk – anders als Yahya Kemal – nicht ausschließlich ein Dichter der Geschichte, sondern erschloss in seiner Poesie auch andere Welten. In einer Charakterisierung durch Gero von Wilpert ist von Berks „konkreter Versprachlichung der Natur und des Lebens mit Bezug zu modernen Strömungen wie konkreter Poesie“ die Rede. Sein Ruf verbreitet sich außerhalb der Türkei. Er gilt als einer der ganz Großen in seiner heimischen Literatur. Man findet seine Gedichte nun aber auch in internationalen Anthologien der modernen Poesie, und einige seiner Bände sind ins Englische und andere Sprachen übertragen worden.

Bis es dazu kam, war es jedoch noch weit. In seinem langen, beinahe neunzig Jahre währenden Leben legte Ilhan Berk einen dichterischen Weg zurück, der von ganz konventionellen Anfängen in den dreißiger Jahren bis zu lakonischen Versen im Alter reichte, hin zu Versen, die erst kurz vor dem völligen Verstummen Halt machten. Immer war etwas Elitäres um ihn, ein poetischer Nimbus, den der Dichter zeitweise auch bewusst pflegte. Es war gewiss kein Zufall, dass er ausgerechnet Gedichte Arthur Rimbauds und Ezra Pounds ins Türkische übertrug. Der poète maudit Rimbaud war ein Solitär des Lebensvollzugs wie der Dichtung, und auch Pound pflegte ja den Nimbus des Auserwählten, des einmaligen Sängers seiner Epoche – als ein Homer des 20. Jahrhunderts. Freilich: Rimbaud war anarchisch gesinnt, Pound ein Faschist.

Im Folgenden soll nicht auf die gesamte Palette der Themen und Ausdrucksmöglichkeiten Ilhan Berks eingegangen werden, sondern vor allem auf jenen Teil seines Werks, der sich mit dem gelebten Leben als Geschichte beschäftigt. Auch bei ihm wird da – und fast ist man versucht zu fragen: „Wie könnte es auch anders sein?" – der Stadt Istanbul eine zentrale Rolle zukommen. Ihrer Faszination kann sich niemand entziehen, der Sinn für historische Zusammenhänge und kulturelle Entwicklungen – auch Katastrophen und Verwerfungen – aller Art hat. Davon hat diese Stadt reichlich viele erlebt.

Aus dem umfangreichen Werk des Dichters werden wir im Wesentlichen drei Anthologien behandeln, die auch schon die Aufmerksamkeit anderer Betrachter gefunden haben: Es sind dies die Bände „Istanbul Kitabi", „Galata" und „Pera".

Das Leben eines „Zweiten Neuen"

Manisa, an der leuchtenden türkischen Ägäis-Küste gelegen, ziemlich genau in der Mitte zwischen Troja im Norden und Halikarnassos (heute Bodrum) im Süden, ist die Heimat unseres Dichters. Der Name verweist auf das antike, das griechische Magnesia. Nicht weit ist es von dort nach Ephesus (heute Selçuk) oder Izmir (früher Smyrna). Dem humanistisch gebildeten Menschen ist diese

Region als die lichte Küste Ioniens bekannt, man assoziiert mit ihr Homer und Hölderlin, Pythagoras von Samos und Thales von Milet, Eudoxos von Knidos und viele andere aus der Frühzeit der europäischen Hochkultur. Die „Große Katastrophe“ der kleinasiatischen Griechen, die dort als Erben ihrer antiken Vorfahren seit vielen Jahrhunderten zu großen Teilen siedelten, stand noch bevor, als der Dichter am 18. November 1918 in Manisa geboren wurde. Seit dem umfassenden „Bevölkerungsaustausch“ von 1922 leben an den Küsten der kleinasiatischen Ägäis keine Griechen mehr. Der „Austausch“ beendete blutige Metzeleien, die mit der Landung griechischer Invasionstruppen im Jahre 1919 begonnen hatten; diese hatte den nationalen Befreiungskrieg der Türken (milli mücadele) ausgelöst, den Mustafa Kemal siegreich beendete.

Als der letzte Sultan, Mehmet VI. Vahidettin, auf Betreiben von Mustafa Kemal Pascha, dem späteren Atatürk, abgesetzt wurde, war der junge Ilhan knapp vier Jahre alt; als der letzte Kalif des Islam, Abdülmecit, 1924 die Türkei in Richtung Riviera verließ, war er sechs, die neu geschaffene Republik ein Jahr alt. Ilhan Berk hat also jene Zeit, die ein Dichter wie Yahya Kemal Beyatli (1884–1958) in seinem Werk beschwört und im dialektischen Sinne „aufhebt“, das heißt das Flair spätosmanischer Dekadenz, nicht als Erwachsener erlebt; doch war er an ihr immerhin noch so nahe dran, dass die Zeit des Übergangs vom Reich zur Republik auch in seinem Werk als eigene Reminiszenz ihre Darstellung findet. Doch nicht allein die reale Historie, auch die Welt der Mythen, die mit der Geschichte oft eng verflochten ist, faszinierte ihn früh. An dieser ist das alte Ionien auf geradezu überbordende Weise reich.

In osmanischer Zeit war die Stadt Manisa lange ein Experimentierfeld für die jungen Prinzen des Herrscherhauses, der Hanedan-i Al-i Osman, gewesen. Sie mussten sich hier als Gouverneure dieser Provinz die ersten Sporen verdienen, sich bewähren, um dann für die Ausübung der Herrschaft gewappnet zu sein. Diese Tradition reichte zurück bis in das 16. Jahrhundert, in dem das Osmanische Reich unter Süleyman dem Prächtigen den Höhepunkt seiner Machtentfaltung und seines Glanzes erlebte.

Im Gegensatz zu Yahya Kemal, der Diplomat im Brotberuf war, verlief Ilhan Berks Leben weniger weltläufig. Er kam nicht viel herum in der Welt. In der Provinzstadt Balikesir studierte er nach der Oberschule das Lehrfach. In diesen Jahren wurden auch seine ersten Gedichte veröffentlicht, meistens in der Zeitschrift des Volkshauses (halk evi) von Balikesir. Diese Volkshäuser waren eine Errungenschaft der Republik und gingen auf Kemal Atatürk selbst und seine Republikanische Volkspartei (CHP) zurück. Berk verstand sich in jenen Tagen als politisch entschieden links und nahm sich, unter anderen, den großen Nâzim Hikmet (1902–1963) zum Vorbild. Die angesehene Literaturzeitschrift „Varlik“ (Sein, Dasein, Existenz) publizierte nun einen großen Teil seiner poetischen Arbeiten.

Seit 1945 studierte er Pädagogik und Französisch im fernen Ankara, das in seinen mittleren Jahren auch beruflicher Mittelpunkt des Dichters wurde. Zu dieser Zeit war er schon als eine der großen Begabungen auf dem Felde der Lyrik hervorgetreten. In der damaligen Türkei war es so gut wie unmöglich, als Dichter ohne einen „Brotberuf“ zu existieren, zumal als Lyriker, das heißt Verfasser von Versen. Auch heute ist das keineswegs immer der Fall, denn Leute wie Orhan Pamuk sind die Ausnahme, nicht die Regel. Berk gehörte jedoch zu den wenigen, die nicht als Journalisten tätig waren, sondern auf andere Weise durchzukommen versuchten. Im Jahre 1955 gab er den Beruf des Lehrers für Französisch auf und trat in die staatliche Landwirtschaftsbank (T.C. Ziraat Bankasi) ein, wo er als Übersetzer, Dolmetscher und offizieller Sprecher bis zu seiner Pensionierung 1969 arbeitete.

Das Studium des Französischen hatte ihm den Zugang zu den großen Dichtern dieser Nation erschlossen, deren Namen und Werke im Lande freilich schon in spätosmanischer Zeit bekannt geworden waren. Neben Baudelaire und Rimbaud auch Valéry und Mallarmé. Die türkischen Dichter waren damals schon, nach den revolutionären Anfängen unter Nâzim Hikmet, Orhan Veli und anderen, auf der „Suche nach der Avantgarde“, bei der gerade französische Literaten wieder Pate standen. Berk galt schon bald als einer der wichtigsten Vertreter der Schule der „zweiten Neuen“ (ikinci yeniler), wobei man den Begriff der „Schule“ nicht zu eng definieren darf. Sie bestand aus Individualisten mit teilweise sehr unterschiedlichen ästhetischen Ansichten.

Man darf sich das Ankara jener Jahre noch nicht so urban vorstellen wie das heutige, das möglicherweise bereits fünf Millionen Einwohner hat. Als Kemal Atatürk das alte Angora oder Ancyra in den frühen zwanziger Jahren als neue Hauptstadt wählte, lebten erst 25 000 Menschen dort, rund um die Kale, die alte Burg, geschart. In den vierziger Jahren des vorigen Jahrhunderts war Ankara noch so öde und gesichtslos, dass der Dichter Orhan Veli, der als Beamter dorthin gekommen war, in kurzer Zeit in „seine" Stadt, Istanbul, zurückkehrte. Immerhin, seit Mitte der fünfziger Jahre, und erst recht in den sechziger Jahren wuchs Ankara endgültig zur Großstadt heran, mit allem, was auch kulturell dazu gehörte. Als der Verfasser dieser Zeilen 1968 erstmals in Anatolien reiste, hatte Ankara schon alles, was Istanbul hatte – nur eben, mit Istanbul verglichen, mit einem Hang ins Provinzielle. Alles wirkte außerdem ein wenig künstlich und aufgesetzt. In gewisser Weise ist das auch heute noch der Fall. Die große, weithin sichtbare Moschee von Kocatepe, jetzt ein Wahrzeichen der Stadt und dennoch wegen ihrer Epigonalität mit den Großmoscheen Sinans in Istanbul nicht zu vergleichen, stand damals noch nicht; allerdings einige alte Bethäuser, und natürlich die altehrwürdige Haci Bayram-Moschee mit dem Monumentum Ancyranum aus römischer Zeit. Das Regierungsviertel, in den zwanziger, vor allem jedoch in den dreißiger Jahren entstanden, atmet schon lange den abgestandenen „Charme" jener Jahre.

Man kann also verstehen, dass Ilhan Berk sein Alter nicht in der Hauptstadt verbringen wollte, sondern nach Bodrum in der Südecke der Ägäis verzog, wo er das zurückgezogene Dasein eines Poeten führte – allerdings in einer Region, in der Geschichte und überkommene Mythen noch besonders lebendig sind. Als er nach Bodrum kam, war es dort erheblich ruhiger als heute; von den Massen der Touristen, die inzwischen das antike Lykien in Besitz genommen haben, war noch wenig zu sehen. Noch lange nach dem Zweiten Weltkrieg hatte Lykien als eine der verschlafensten und hinterwälderischsten Provinzen der gesamten Türkei gegolten. Und selbst die heute so beliebte und begehrte Südküste, das alte Karien und Pamphylien, war noch bis in die siebziger Jahre ein Geheimtipp für türkische Künstler aus Istanbul oder Ankara gewesen, die dort eine einsame Sommerfrische genießen wollten. Erst mit den Büchern des nach Bodrum „verbannten" Musa Cevat Şakir, der sich als Autor Halikarnas Balikçisi nannte („der Fischer von Halikarnassos"), geriet das alte und wilde Lykien in den Blickpunkt einer breiteren Öffentlichkeit und wurde schließlich populär. In Bodrum ist Ilhan Berk, nach einem langen „Ruhestand", am 28. August 2008 im neunzigsten Lebensjahr gestorben. Das Klima dort ist mild und – besonders für ältere Menschen – günstig, und die Lebensumstände dort sind in vielem besser als in anderen, rauheren Gegenden der Türkei.

Seit Hugo Friedrichs klassischer Darstellung der modernen Poesie („Die Struktur der modernen Lyrik", Hamburg 1956) wissen wir, dass das Reflektieren über die Dichtung ebenso zur Poesie der Moderne gehört wie die Gedichte, die Werke selbst. Dies beginnt etwa mit Charles Baudelaire (1821–1867) und hat auch heute noch kein Ende gefunden. Auch ein türkischer Dichter wie Ilhan Berk hat sein ganzes Leben lang über die Dichtung, auch und gerade seine Dichtung nachgedacht. Nicht allein in abstrakten Arbeiten, sondern auch im Austausch mit jenen Gleichgesinnten, die in der türkischen Literatur als die „zweiten Neuen" bekannt geworden sind.

„Erste" und Zweite Neue (Ikinci Yeniler)

Die poetische Schule der „zweiten Neuen" – eine Bezeichnung, die auf Muzaffer Ilhan Erdosttur zurückgeht – verstand sich als Antagonist, ja als Antipode zu den „ersten Neuen", die man freilich erst später so nennen konnte, von denen man sich aber formal wie inhaltlich absetzen wollte. Insbesondere für die „Garip"-Schule galt das, die um 1940 entstanden war und für nicht geringe Aufregung unter den Literatur-Liebhabern gesorgt hatte. Das türkische Wort „garip" bedeutet „fremdartig, fremd". Unter diesem Stichwort verstand man eine Dichtung, die mit allem gebrochen hatte, was bisher als poetisch gegolten hatte, und zwar inhaltlich wie formal, sodass sie als verstörend fremdartig empfunden wurde. Orhan Veli hatte, etwa seit 1940, lakonische, äußerst kunstlos erscheinende Verse geschrieben, die häufig ganz alltägliche Dinge und sogar Triviales thematisieren. Er wollte sich bewusst vom „hohen Ton" der überkommenen Dichtung abheben, schuf damit zugleich eine neue Form der Volksnähe für die lyrische Dichtung, denn diese Poesie erforderte nicht die Vertrautheit mit der bisherigen Bildersprache und ausgepichten poetologischen Theorien. Und Leute aus dem Volk waren auch seine Helden, denen er Verse widmete, die bald zu Sprichwörtern (atasözleri) wurden. Jahrhunderte lang war die Poesie ein elitäres Phänomen des Hofes (divan) gewesen, nun sollte sie endgültig das Volk erreichen. Ihm folgten dabei zwei andere bedeutende Lyriker des „Garip“, Melih Cevdet Anday (1915–2002) und Oktay Rifat (1914–1988); beide waren enge Freunde Velis. Welcher Art diese als fremdartig empfundenen Gedichte waren, sei an einem Beispiel Orhan Velis deutlich gemacht:

Zilli şiir / Gedicht mit Glocke

Wir Beamte,
Um neun Uhr, um zwölf und um fünf,
haben die Straßen ganz für uns.
So hat der Erhabene Gott es uns zugeteilt.
Wir warten auf die Feierabendglocke
Oder auf den nächsten Ersten.

Die zweite Strömung, gegen welche die „Zweiten Neuen“ sich wandten, war die der gesellschaftlich relevanten Dichtung, die bisweilen die Grenze zur Propaganda – wofür auch immer – überschritt. Sie war gerade zu Zeiten der Gründung und Etablierung der Republik mit ihren neuen Idealen von Volk und Nation, die der Bildung und Erziehung bedurften, besonders verbreitet und auch populär. Für sie bekannte Namen zu nennen, wäre ein beinahe abendfüllendes Unterfangen, denn die meisten Dichter der nationalen Richtung gehörten dieser Strömung an. Bei ihren besten Vertretern blieb das Poetische nicht auf der Strecke, doch die Gefahr bestand, dass ein im weitesten Sinne „erzieherischer“ Inhalt das Gedicht, ja die ganze Lyrik verdarb. Ein herausragendes Kennzeichen der „Zweiten Neuen“ wurde denn auch die poetische Originalität, eine gewisse Eigenbrötelei, das Prinzip einer „Kunst um der Kunst“ willen sowie ein elitäres Bewusstsein von der Ausnahmestellung des Poeten. Dies sind, wie gesagt, abstrakte Annäherungen, die natürlich in ihrer reinen Form nicht vorkamen oder eingehalten wurden. Gerade Ilhan Berk war ein Mann, der sich immer mit Politik beschäftigte, dies resultierte schon aus den teilweise turbulenten Zeitläufen, die der Dichter erlebte und die an einem intelligenten Kopf nicht ohne politische Reaktion vorbeigehen konnten.

Istanbul als historischer Ort

In langen, freirhythmischen Poemen hat er die jüngere Geschichte der Türkei gestaltet und dabei insbesondere auch Istanbul zum Thema genommen, doch auch andere Städte, wie beispielsweise Izmir, das im Unabhängigkeitskrieg eine tragende Rolle gespielt hatte.

Siehe, in Istanbul bist du, der Stadt der bleiernen Kuppeln
Unter dem Regen schwankt ein Mann am Galgen hin und her
Ein Tropfen blauen Himmelsschattens hängt über seinen Augen
Vor den Moscheen liegen Leute bäuchlings auf dem Boden
Dem Meer und den Bäumen gegenüber

Das sind Anspielungen auf die gewalttätigen Ereignisse der Besetzung durch die Entente-Mächte nach dem Zusammenbruch des Osmanischen Reiches. Man sieht: Die Abstinenz der „Zweiten Neuen“ von der Politik war nur eine relative. Und ein spezielles Interesse hatte Berk lebenslang an den wechselvollen Schicksalen gerade der glanzvollen und historisch so befrachteten Stadt an beiden Ufern des Bosporus. Davon zeugt zunächst der Gedichtband „Istanbul Kitabi“ (Istanbul-Buch) aus dem Jahre 1947, dem das obige Gedicht entnommen ist. Der Band enthält zahlreiche Poeme in reimlosen und freien Versen, wie Hikmet sie in der türkischen Lyrik durchgesetzt und populär gemacht hatte.

Nicht nur historisch interessant, sondern auch hochpolitisch ist das Gedicht „Das Jahr 1919“, in dem es heißt:

Unter einem Nachtlämpchen bin ich auf die Welt gekommen
Den Ersten Weltkrieg erlebte der Erdkreis
Über meinem Kopf waren Wolken, Taschentüchern gleich
Von einem Berg herab sah ich unsere Städte
Brennen im Griechischen Krieg
Diese Menschen Soldaten Gefangene Zelt an Zelt
Nur mit einem Hemd bekleidet das flüchtende Volk
Die erste Kanone sah ich, das erste Flugzeug

Meine Mutter mein Bruder und ich immer aufrecht
Auf unsere Basare mit geschlossenen Läden regnete es.

Meine Stadt, von Menschen aller Klassen bewohnt,
hatte sich in die Berge geflüchtet …

Individueller, innerlich betroffener kann man die Katastrophe kaum wiedergeben, die sich damals ereignete. Nicht nur in Istanbul, auch in Izmir und anderen großen Städten des besiegten Osmanischen Reiches herrschten völlig volatile Zustände; und der Zusammenbruch entwickelte sich für die Minderheiten in der Folge zu einer Katastrophe, die ihresgleichen sucht in der jüngeren Geschichte der gesamten Region. Bis heute leidet die Türkei unter den traumatischen Erfahrungen jener Jahre, in denen alle Seiten Schuld auf sich geladen hatten – eine Schuld, die zum großen Teil noch nicht aufgearbeitet wurde, sondern in den propagandistischen Wellen des jeweiligen Nationalismus versank.

In den achtziger Jahren hat sich der älter werdende Dichter dann ganz bewusst nochmals der alten Sultans-Metropole am Bosporus zugewandt, und zwar unter dem Gesichtspunkt ihres Kosmopolitentums und ihrer kulturellen Vielfalt, die er zu jener Zeit schon in Gefahr sah. Ethnisch wie religiös ist Istanbul immer ein Osmanisches Reich im Kleinen gewesen, en miniature sozusagen. Noch gegen Ende des Reiches, in den letzten Jahrzehnten des 19. Jahrhunderts, übertraf die Zahl der nicht-muslimischen Einwohner die der Muslime. Für ein Weltreich, das im Namen des Islams regiert wurde, war dies erstaunlich. Und erhebliche religiöse oder ethnische Minderheiten lebten ja auch in anderen Städten wie Izmir oder Saloniki, allen voran die Griechen und die Armenier. Sie waren die belebenden Elemente des Imperiums, sorgten für Handel und Wandel; umso tragischer mutet es an, dass im Zusammenhang mit dem Zusammenbruch des Reiches und als Folge der Wirren nach dem Ersten Weltkrieg gerade diese beiden größten Minderheiten vernichtet wurden oder, wie das bei den Griechen der Fall war, mittels des erwähnten Bevölkerungsaustauschs Kleinasien verlassen mussten. In Istanbul endete die Präsenz der letzten Griechen im Jahre 1955, als es im Viertel von Beyoğlu, dem traditionellen Wohngebiet der Christen und Fremden, zu einem Pogrom kam, als dessen Ergebnis dieses Viertel von Griechen praktisch entvölkert wurde. Heute kann die Anzahl der Griechen, die noch dort leben, statistisch vernachlässigt werden. Doch wer Beyoğlu mit wachen Augen durchstreift, wird noch immer etwas von dieser „Welt der anderen" bemerken. Dies beginnt bei der Architektur: Links und rechts der Istiklâl-Straße, die zu Zeiten des Sultans Grande Rue de Pera hieß, sieht man viele Bauten aus dem Fin de siècle und der für dieses Zeitalter typischen Bauweise. Die zahlreichen Konsulate, an denen man vorübergeht, waren früher natürlich die Botschaften. Besonders einflussreich in spätosmanischer Zeit waren die englischen, die russischen und, zuletzt, die preußischen/deutschen Diplomaten. Schon in byzantinischer Zeit hatten sich ja rund um den Christus-Turm, der heute Galata-Turm heißt, die Genueser, die Venezianer, die Pisaner, die Amalfitaner mit ihren Fondachi, ihren Handelsniederlassungen, angesiedelt, sodass es über Jahrhunderte hinweg ein buntes, mehrheitlich christliches Völkchen war, das die beiden Viertel von Galata und Pera bewohnte und belebte. Erst in der zweiten Hälfte des 19. Jahrhunderts begann der Zuzug muslimischer Familien.

Von der Multikulturalität Beyoğlus ist, trotz der tragischen Zeitläufe, noch immer etwas zu verspüren; ja, man beginnt dies sogar mehr und mehr zu pflegen, und viele Türken haben eingesehen, dass es ein Fehler war, auch noch die letzten Griechen zu vertreiben. Rund um den legendären Galata-Turm (kuledibi) beginnt sich eine neue Kultur der Vielfalt zu etablieren – neben der unvermeidlichen Tourismus-Industrie allerdings. Junge Künstler richten dort Studios und Ateliers ein, Versatzstücke der Vergangenheit befördern auch manches Nostalgische, was man als zu flach bekritteln mag, was aber dennoch zum multikulturellen Erwachen dieses Stadtteils beiträgt.

Dies nun ist ganz im Sinne Ilhan Berks, der in zwei beachtenswerten lyrischen Monographien versucht hat, den Geist des alten Pera und Galata wiederauferstehen zu lassen, in Sprache „aufzuheben" und damit nicht nur für die Nachwelt als Kunstwerk zu bewahren. Sie sollen auch als Anregung und Ansporn für künftige Generationen gelesen werden, sich diesem Geist zu verpflichten und nicht dem Nationalismus, der in der Türkei zuweilen bizarre, ja bedrohliche Formen angenommen hatte, Vorschub zu leisten. Es mag zunächst wie eine Äußerlichkeit klingen, aber die Tatsache, dass in den vergangenen Jahren entlang der ehemaligen Grande Rue de Pera umfangreiche Renovierungsarbeiten stattgefunden haben, macht deutlich, dass man „verstanden“ hat und dieses Erbe weiterhin pflegen möchte. Dieser Trend ist schon seit geraumer Zeit zu beobachten und nimmt offenbar zu. Touristen geraten immer ins Staunen, wenn sie die Strecke von Tünel bis zum Taksim-Platz zurücklegen; dies sei ja eine ganz andere Türkei, ist da zu hören. Und so ist es auch.

Doch nun zurück zur Dichtung Ilhan Berks. Der deutsche Turkologe Mark Kirchner hat wohl als erster im deutschen Sprachraum auf diese beiden Werke Berks aufmerksam gemacht. Die kaleidoskopartige Form der Bände „Galata“ (1985) und „Pera“ (1990) spiegeln, wie Kirchner in einer kurzen Analyse hervorhebt, eben auch das Kaleidoskopartige der beiden Stadtteile in ihrer unverwechselbaren Geschichte wider: insbesondere den Multikulturalismus und Multiethnizismus. Berk versammelt in diesen Büchern collagenartig Texte und Zeichnungen, Graphiken und Tabellen, und auch die Texte wechseln, wie Kirchner hervorhebt, zwischen dem modernen Türkisch und dem alten Osmanisch mit seinem heute überlebten, hier und da jedoch wieder populären Wortschatz hin und her.

Alte Läden, alte Adressen, alte Restaurants und Hotels, alte Schilder und Plakate, Speisekarten von Hotels und Restaurants, alte Passagen, die man – wie die Çiçek-Pasaji an der Istiklâl Caddesi – längst restauriert hat oder auch nicht; Erinnerungen an längst verstorbene Persönlichkeiten, die bekannt waren „wie bunte Hunde“ in ihren Vierteln, Schauspieler und Schauspielerinnen, Fürsten und Fürstinnen, Künstler und Huren, finden ihren Platz in Berks Zeilen. Vor allem auch Straßen, Gassen und Mahalles (Siraselviler Caddesi, Tarlabaşi, Tepebaşi) mit der besonderen Mentalitätsgeschichte ihrer früheren Bewohner, das heißt einer armenischen, griechischen, italienischen, slawischen oder eben anderen. Wer heute, zu Fuß von der Galata-Brücke kommend, von Karaköy aus über Yüksek kaldirim die zahllosen Stufen zum Galata-Turm hinaufsteigt, erhält gewissermaßen schon eine Lehrstunde in Geschichte.

In meinem Buch „Zwischen Steppe und Garten. Türkische Literatur aus tausend Jahren“ habe ich Ilhan Berk und Beyoğlu ein ganzes Kapitel gewidmet. Manches daran ist nostalgische Verklärung, worauf auch Kirchner in seiner kritischen Würdigung hinweist; doch ändert dies nichts daran, dass hier ein moderner türkische Literat und Dichter sich in paradigmatischer Weise prinzipiell einer neuen Version türkischer „Nationalgeschichte“ stellt, einer Version, die bisher nicht vorkommen durfte. In ihr hat, recht verstanden, auch die osmanische Zeit wieder ihren Platz: als eine Epoche, in der Muslime und Nicht-Muslime lange Zeit zwar nicht ohne Probleme, aber dennoch ohne die Paroxysmen der Gewalt zusammenlebten, die leider oft genug sogenannte Umbruch- und Modernisierungsprozesse kennzeichnen. Und den Nationalismus ohnehin.

Wie gegenwärtig die Mentalität des spätosmanischen und früh-kemalistischen Istanbul bei den ehemaligen Minderheiten noch ist, zeigt das Beispiel von Petros Markaris, einem der bekanntesten griechischen Schrifsteller unserer Zeit. Er ist ein typisches Gewächs der kulturellen Vielfalt am Bosporus. Sein Vater war Armenier, seine Mutter Griechin. Markaris wurde 1937 in Istanbul geboren. Die Familie lebte lange auf Heybeliada oder Halki, einer der Prinzeninseln, die im Marmara-Meer liegen, dem Bosporus vorgelagert. Jeden Tag fuhr Markaris von dort mit der Fähre nach Karaköy (Galata) und stieg dann über Yüksek Kaldirim aufwärts zum Österreichischen Gymnasium nahe dem Galata-Turm im Viertel von Kuledibi. Die Schülerschaft war international, und Petros Markaris berichtet immer wieder, wie er bei einem Gang über die Grande Rue de Pera oder Istiklâl Caddesi von zahlreichen Sprachen regelrecht umschwirrt war: Armenisch, Griechisch, Türkisch, Spaniolisch (die Sprache der Juden Konstantinopels), Arabisch, Italienisch – neben etlichen anderen Sprachen der westlichen Hemisphäre. Und Markaris bedauert zutiefst, dass von dieser Vielfalt der Sprachen und Völker so wenig übrig geblieben ist, insbesondere nach dem letzten antigriechischen Pogrom von 1955. In seinen lesenswerten Memoiren unter dem Titel „Wiederholungstäter. Ein Leben zwischen Istanbul, Wien und Athen" hat Markaris diese Jahre im multikulturellen Istanbul lebendig geschildert. Auch in seinem Roman „Istanbul Blues". Es versteht sich, dass der Grieche Markaris bis heute flüssig Türkisch spricht. Die tragischen Ereignisse des vorigen Jahrhunderts sind nicht mehr rückgängig zu machen, doch wäre schon viel gewonnen, wenn in Zukunft im Rahmen einer freundschaftlichen und verantwortungsbewussten Zusammenarbeit von Griechen und Türken jener multikulturelle Geist sich wieder verstärkte, der einmal den Puls dieser Stadt ausmachte. Und natürlich müssten auch die Beziehungen zwischen Türken und Armeniern darin enthalten sein. Auch dafür ist ein Autor wie Markaris ein lebender Fingerzeig.

Ilhan Berk lässt in den beiden Büchern, die Pera und Galata gewidmet sind, jene Welt aufleben, von der auch der italienische Schriftsteller Edmondo de Amicis in seinem zuerst 1877 erschienenen Werk mit dem Titel „Constantinopoli“ berichtet. Der Literaturnobelpreisträger Orhan Pamuk, ein Istanbuler nach Herkunft und Leidenschaft, nennt diese Beschreibung aus spätosmanischer Zeit schlicht „das beste Buch über Istanbul“; nur den Roman „Huzur“ („Seelenfrieden“) des türkischen Romanciers Ahmet Hamdi Tanpınar (1901–1962), der in Istanbul spielt, nimmt er aus. Doch der schrieb, anders als de Amicis, in türkischer Sprache.

Was immer man von solchen Urteilen halten mag – de Amicis mehr journalistisches denn literarisches Buch vermittelt einen geradezu unglaublichen Eindruck von der kulturellen Vielfalt der damaligen osmanischen Metropole. Darüber hinaus ein generell vielfarbiges Bild der Bevölkerung, auch der muslimischen. Unlängst ist eine deutsche Fassung dieses Werkes erschienen, versehen mit einem Nachwort von Umberto Eco. Es enthält zudem zahlreiche historische Fotografien, welche die Beobachtung Edmondo de Amicis bestätigen, niemand trage in der Stadt dieselbe Kleidung, es herrsche eine unglaublich bunte Vielfalt der Kostümierungen, auch unter den Muslimen. Andere Reisende haben das immer wieder bekräftigt. Und noch einige Jahrzehnte danach hat der in Konstantinopel lebende deutsche Turkologe und Journalist Friedrich Schrader (1865–1922), der der SPD verpflichtet war, in vielen seiner Artikel ein eindrucksvolles Bild von der Vielfalt des Lebens in der Hauptstadt des Sultans gezeichnet. Liest man diese Zeilen, so könnte man vor Neid darüber erblassen, dass man jene Epoche nicht an Ort und Stelle miterleben konnte. Zwar war das Reich sichtbar vom Niedergang gezeichnet, doch trotz der Existenz politischer und nationalistischer Extremisten unter den Minderheiten wie in der Regierung bildete die Stadt einen Kosmos im Kleinen, der durch die Ungunst der Weltläufe und den Fanatismus der Menschen verloren ging. Schrader war Gründer und Leiter der Zeitung „Osmanischer Lloyd“, in welcher er viele Jahre lang die deutsch-osmanischen (türkischen) Kulturbeziehungen pflegte und förderte. Insbesondere interessierte er sich auch für unser Thema, das wir in diesem Büchlein behandeln: die türkische Literatur im Übergang vom Sultanat zur Moderne. Tevfik Fikret (1867–1915), die maßgebliche Figur unter den Modernisten des Osmanischen, gehörte ebenso zu seinen Freunden wie der Erzähler und Romancier Ahmet Hikmet Müftüoğlu (1870–1927). Im Jahre 1917, inmitten des ersten Weltkrieges, veröffentlichte Schrader sein Werk „Konstantinopel: Vergangenheit und Gegenwart“. In Deutschland ist dieses kostbare Buch, in dem das alte, multikulturelle Istanbul lebendig wird, lange vergriffen. In der Türkei hat man es unlängst, übersetzt von dem bekannten Journalisten Kerem Çalişkan, wieder aufgelegt.

*

Auf der Suche nach der Zeit

Der türkische Dichter Ahmet Hamdi Tanpınar

In seiner türkischen Heimat galt Ahmet Hamdi Tanpınar (1901–1962) lange vor allem als Lyriker mit einem schmalen Oeuvre sehr schöner, melodischer, doch konventioneller Gedichte, und als Universitäts-Dozent für Ästhetik. 37 Gedichte hatten sein Ansehen als Poet begründet, die in dem Band „Şiirler – Gedichte" versammelt sind. Dazu gehörten das lange, ziemlich populär gewordene Gedicht „Bursa'da bir zaman" („Eine Zeit in Bursa"), das sich dieser einst glanzvollen ersten Hauptstadt der Osmanen und ihrer Historizität widmete, doch auch kürzere Poeme, die weniger bekannt wurden. Erst in jüngerer Zeit hat man ihn als einen der großen Prosaschriftsteller des 20. Jahrhunderts, nicht nur der Türkei, sowie als universalen Geist, ja als Genie (Beatrix Caner) erkannt, vergleicht ihn am häufigsten mit dem Franzosen Marcel Proust (1871–1921). Die Literaturwissenschaftlerin und Übersetzerin Caner sieht in Tanpınars Werk den Höhepunkt der türkischen Moderne, ein Urteil, dem sich heutzutage viele Türken anschließen dürften.

Zu Lebzeiten Tanpınars wäre es undenkbar gewesen, einem türkischen Autor den Literaturnobelpreis zu verleihen. Die Türkei, obwohl in revolutionärer Umgestaltung begriffen, war Europa bewußtseinsmäßig sehr fern; dies galt auch für die Intellektuellen. Außer dem kommunistischen Dichter Nâzim Hikmet, der in linken Kreisen bekannt und geachtet war und für den man sich politisch einsetzte, waren türkische Autoren unbekannt. Die Sprachbarriere war vergleichsweise hoch, obwohl beispielsweise schon recht viel spätosmanische und türkische Literatur ins Deutsche übertragen worden war. Mindestens ebenso wichtig war indes der damals vorherrschende *Eurozentrismus*, der das außereuropäische oder außerwestliche literarische Leben allenfalls als Kuriosität exotischen Zuschnitts wahrnehmen konnte. Wer sich die Liste der Literaturnobelpreisträger seit 1901 anschaut, stellt fest, dass nur der indische Dichter und Philosoph Rabindranath Tagore ausgezeichnet wurde, und zwar im Jahre 1913. Bezeichnend ist der Text der Begründung. Es heißt da, Tagore habe durch seine kunstvollen Verse in englischer Sprache seine Kultur in die europäische Literatur eingebunden. Das spricht Bände. Es ist noch nicht allzu lange her, dass mancher europäische Kritiker die Nase rümpfte, wenn ein Japaner (Kawabata zum Beispiel) ausgezeichnet wurde. Heute ist es Gott sei Dank Normalität, dass auch Schriftsteller, die in einer dem Westen eher fremden Sprache schreiben, Träger internationaler Auszeichnungen werden können.

Tanpınars Vernachlässigung im eigenen Land indessen hatte vor allem damit zu tun, dass er abseits des großen Stroms der türkischen Literatur seiner Zeit stand; diese war entweder, vonseiten der Linken, extrem gesellschaftskritisch eingestellt, sozial-realistisch. Oder sie bevorzugte den lehrhaften Ton, der zur Reformpolitik Mustafa Kemal Atatürks passte, der ja mit der Gründung der Türkischen Republik im Jahre 1923 eine kulturelle Revolution ohnegleichen ins Werk zu setzen begann. Da waren Autoren gefragt, die sich in gewisser Weise – wir haben schon darauf hingewiesen – als „Erzieher" des Volkes verstanden, wie auch Atatürk sich als oberster Pädagoge der Türken sah. Mit all dem hatte Tanpınar ästhetisch wenig zu tun. Natürlich war er ein Anhänger der Republik und der Reformen, doch er begriff sich niemals als radikaler Trommler und Propagandist für irgendeine Idee, auch nicht für den Fortschritt. Und er hatte ein großes Geschichtsbewusstsein, das er unter anderem seinem wichtigsten Lehrer, dem Diplomaten und Dichter Yahya Kemal Beyatli (1884–1958) verdankte. Den meisten fortschrittlichen, vorwiegend linken Intellektuellen galt er als zu konservativ; sie deuteten sein Werk völlig missverständlich im Sinne eines überholten Ästhetizismus. Davon jedoch, von einem L'art pour l'art, wie es im Gefolge der französischen Symbolisten eine Zeit lang gefragt gewesen war, hielt sich Ahmet Hamdi fern. Er war ein Einzelgänger, und seine Einsamkeit, die man mehr und mehr zu verstehen beginnt, war untrennbarer Bestandteil seines literarischen Werks. Sie war seiner unbeirrbaren Suche nach neuen, doch eigenen Wegen geschuldet.

Seit den neunziger Jahren nun hat sich das geändert, haben Kritiker wie Berna Moran, Mehmet Kaplan, Oğuz Demiralp und andere ihre Urteile revidiert oder sind von vornherein zu anderen Einschätzungen gekommen. Heute weiß man: Ahmet Hamdi Tanpınar war tatsächlich ein Autor vom Format eines Proust. Eine dauerhafte und intensive Beschäftigung mit dem Gesamtwerk

Tanpınars deutet sich in der türkischen Intellektuellen-Szene an. Orhan Pamuk sieht in Tanpınar ganz offen einen seiner Lehrmeister.

Vom Reich zur Republik – Leben im Übergang

Ahmet Hamdi Tanpınar gehört zur ersten Generation der republikanischen Schriftsteller, doch ist diese Generation noch unter Bedingungen aufgewachsen, die sie für immer prägte und ihren späteren Lebensweg zu einem Wandern zwischen einer vergangenen, einstmals ruhmvollen Vergangenheit, und einer ganz anders gearteten, insgesamt ungewissen, aber auch spannenden und spannungsreichen Zukunft machte. Tanpınar war schon 22 Jahre alt, also erwachsen, als Atatürk im Jahre 1923 die Republik ausrief. Das heißt, er hatte seine Kindheit und Jugend noch unter dem Sultan, als Bürger des Osmanischen Reiches, verbracht. Es waren die drei letzten Sultane der Osmanen: Abdulhamid II., Mehmet V. Reşad und Mehmet VI. Vahidettin, der 1922 abgesetzt wurde.

Dieses einstmals so mächtige islamische Universalreich beherrschte trotz seiner für alle sichtbaren Agonie noch große Teile Vorderasiens, Nordafrikas und des Balkans, war indessen ein sichtbar sterbendes Imperium – trotz aller Bemühungen um Reformen, die von beherzten Herrschern in der Periode der Tanzimât oder großen Reformen der Sultane seit 1839 verwirklicht, von anderen freilich, wie dem berüchtigten Abdulhamid, nach Kräften hintertrieben wurden.

Ahmet Hamdis Vater war ein Kadi, ein religiöser Richter, der im Laufe seiner Karriere mit der Familie an vielen Orten des Reiches seines Amtes walten musste. Hüseyin Fikri Efendi, dessen Familie aus Batumi (heute Georgien) stammte, gehörte also zur Schicht der gebildeten Honoratioren im Osmanischen Reich, seine Mutter, Nesime Bahriye Hanim, kam aus der bekannten Familie der Kansizzadeler, ihr Vater, ein Marineoffizier, entstammte der Schwarzmeer-Stadt Trabzon, dem antiken, so geschichtsmächtigen Trapezunt oder Trebisonda, das auch eine lange byzantinische Vergangenheit hinter sich hatte. Durch die Versetzungen seines Vaters lernte der am 23. Juni 1901 in Istanbul geborene junge Ahmet Hamdi viele Städte und Ortschaften Anatoliens, aber auch Teile des Iraks kennen, der damals noch türkisch war, zum Beispiel die Stadt Mossul, wo 1915 seine Mutter an Typhus starb, ein Erlebnis, das den jungen, zu gewissen mystischen Erlebnissen neigenden Ahmet Hamdi tief traf. Zwei Jahre später wurde der Vater nach Antalya versetzt, damals ein kleines Nest an der türkischen Südküste, das mit dem heutigen Antalya nur noch den Namen gemeinsam hat. Andere Stationen zuvor waren Ergani, Sinop (das antike Sinope), Siirt, Kirkuk. In Antalya macht Ahmet Hamdi das Abitur und geht anschließend – das Osmanische Reich hat gerade den Ersten Weltkrieg verloren – nach Istanbul, in die Metropole, die von den westlichen Mächten besetzt ist und in der es politisch brodelt. Protagonisten der Gegensätze sind einerseits die Anhänger des Sultans, andererseits die Nationalisten, die nach einer gänzlichen Neuorientierung suchen, und drittens Großbritannien sowie Frankreich als die siegreich aus dem Ersten Weltkrieg hervorgegangenen Mächte, die gerade damit beschäftigt sind, die Konkursmasse des Osmanischen Reiches zu verteilen und einen neue, ihren Zielen dienende „Ordnung" zu etablieren.

Am Bosporus macht er die Bekanntschaft von Yahya Kemal Beyatli, Historiker, Dichter und später, in der jungen Republik, erfolgreicher Diplomat, der bald sein wichtigstes Vorbild und sein Lehrer wird. Auch Beyatli hatte französische Bildungserlebnisse, denn er hatte vor dem Ersten Weltkrieg fast zehn Jahre in Paris gelebt und dort Geschichte studiert. Beyatli riet ihm, vor allem die Klassiker zu studieren und daraus etwas Neues zu schaffen. Beyatli selbst gilt heute in der türkischen Literaturgeschichte als Neoklassizist einzigartigen Formats, der es zum letzten Mal schaffte, die alten, überkommenen poetischen Formen und Metaphern aus osmanischer Zeit, das heißt ihre Bildersprache und die klassische Prosodie, den arabischen Aruz, perfekt anzuwenden und daraus dennoch eine Kunst zu machen, die den Zeitgenossen etwas sagte. Auch Tanpınars zweiter Lehrer in Sachen Poesie, der im Irak geborene Ahmet Haşim (1884–1933), verwendete die alten Bilder und Sprachspiele der osmanischen Poesie und gestaltete in seinen vom europäischen Symbolismus geprägten Poemen einen Abgesang auf die alte Zeit. Möglicherweise war es diese Prägung durch zwei eher traditionalistische Dichter, die Tanpınar später bei vielen den Ruf eines Konservativen eintrugen – sehr zu Unrecht, wie noch zu zeigen sein wird. Seine ersten Verse erschienen in der bekannten Literatur-Zeitschrift

„Dergah". Der Name dieser Zeitschrift bedeutet so viel wie „Einsiedler-Zelle" und bezieht sich auf die Behausungen der islamischen Mystiker, der Sufis. Und ein Einsiedler, ein Einzelgänger, war Tanpınar schon damals.

Man muss dazu wissen, dass in der Literatur der Türken viele Jahrhunderte lang die Poesie bevorzugt wurde vor der Prosa. Ein Dichter machte Verse, sonst nichts. Gattungen wie das Drama oder der Roman fehlten – jedenfalls außerhalb einer speziellen Art von Volksliteratur, in der das Stegreifspiel (orta oyunu) verbreitet war – ganz, sie waren ein Import aus Europa.

Als Lehrer wirkte Tanpınar viele Jahre in verschiedenen Städten Anatoliens. So unter anderen in Erzurum, in Konya, der Stadt Mevlâna Celâlettin Rumis, und in Ankara, der neuen Hauptstadt, wo er allerdings nur schwer Fuß fasste. Dies kann man sich bei einem so geschichtsbewussten Mann, der Tanpınar war, sehr gut vorstellen: Das Provinznest Ankara, das gerade eben erst aus seinem Dornröschenschlaf erweckt worden war, konnte auf den angehenden Gelehrten und Dichter mit seinen gerade einmal 25 000 bis 30 000 Einwohnern keine große Anziehungskraft ausüben, obwohl er den neuen politischen und gesellschaftsreformerischen Ideen positiv gegenüber stand. Dort aber war alles Improvisation, gab es keine gewachsene Tradition, die mit Istanbul/Konstantinopel vergleichbar gewesen wäre.

Er wurde an ein Gymnasium in Istanul-Kadiköy berufen. Nach dem Tode Ahmet Haşims wurde er dessen Nachfolger als Dozent an der Akademie für Schöne Künste (Güzel Sanatlar Akademisi). Neben seiner Lehrtätigkeit und der Schriftstellerei war er auch, als Mitglied der Republikanischen Volkspartei (CHP), eine Zeit lang Abgeordneter der Stadt Maraş, heute Kahramanmaraş, in der Großen Türkischen Nationalversammlung. Bald begann sich jedoch seine Asthmakrankheit bemerkbar zu machen, die ihn später als Universitätslehrer in seiner Arbeit etwas einschränkte. Er schonte sich freilich nicht und war jenseits seiner Dozenten-Tätigkeit rastlos schriftstellerisch tätig. 1962 starb er in Istanbul einen viel zu frühen Herztod.

Ahmet Hamdi Tanpınar hat, obwohl sein Leben nur durchschnittlich lange währte, vier unterschiedliche Phasen in der Geschichte der modernen Türkei erlebt: das sterbende Sultanat und Kalifat, die Gründung und erste Aufbauphase der Republik, die Zeit ihrer Konsolidierung unter Ismet Inönü (1884–1973), die man auch als Periode einer gewissen Erstarrung bezeichnen könnte, und schließlich die Phase der Herrschaft der Demokratischen Partei (DP) zwischen 1950 und 1960 unter Adnan Menderes (1899–1961). Die Türkei wurde pluralistischer, linke politische Kräfte erstarkten ebenso wie rechte, und auch die Religiösen begannen sich mehr und mehr zu regen. Mit dem Erstarken islamistischer Kräfte, wie man heute sagen würde, war Tanpınar nicht einverstanden. Die vier Phasen der Entwicklung zeigen jedoch, unter welchen außergewöhnlichen historischen Umständen sich türkische Intellektuelle neu orientieren mussten. Davon musste selbstverständlich auch die Literatur beeinflusst werden, wie sie auch, umgekehrt, ihrerseits wieder die gesellschaftlichen und politischen Verhältnisse beeinflusste. Moderne türkische Autoren sind, wir haben es bereits zur Genüge erwähnt, in der Regel politisch. Um die ganze Tiefe des kulturellen Bruchs deutlich zu machen, müssen wir nochmals hinabtauchen in die sprachlichen und inhaltlichen Landschaften der althergebrachten Literatur in der Türkei.

Diwan-Literatur und Moderne

Die Tradition der türkischen Literatur, mit der auch Ahmet Hamdi Tanpınar groß wurde, war im Wesentlichen die osmanische Hofdichtung, die sogenannte Diwan-Literatur (divan edebiyati). Sie folgte arabischen und vor allem persischen Vorbildern und wurde jahrhundertelang gepflegt. Es war eine hochartifizielle Kunst, in der ein Dichter dann Meisterschaft errang, wenn er die allseits bekannte Bildersprache besonders kunstvoll einsetzte und arrangierte; Vorbilder waren persische Lyriker, wie der berühmte Hafis, den Goethe so sehr verehrte und als seinen „Zwilling im Geiste" apostrophierte, aus dem 14. Jahrhundert. Es gab zahlreiche Formen der Dichtung, etwa das Liebesgedicht „Ghasel" (gazel) oder das Zweckgedicht „Qasida" (kaside), die alle aus den arabischen, später persischen Literaturen stammten. Hinzu kamen Versepen entweder romantischen oder mystischen Inhalts. Die Dichtung war entweder anakreontisch, das heißt, sie feierte den Lebensgenuss, das menschliche Wohlsein im Frühling, wenn die Natur wieder erwachte, oder panegyrisch, das heißt, die Dichter priesen in ihren Versen den Sultan oder andere Große des Reiches. Besonders stark überwölbte die Mystik (tasawwuf) die osmanische

Dichtung. So wurde die Liebe oft doppeldeutig schillernd zum Thema, einmal als irdische Liebe zwischen einem Jüngling und einem Mädchen, oder auch zwischen zwei Jünglingen. Es war allerdings auch immer möglich, diese zu Versen gewordenen poetischen Liebesverhältnisse im Sinne der Religion, vor allem der Mystik zu deuten: als Verhältnis des Gläubigen zu seinem Schöpfer, nach dessen Erkenntnis und Zuneigung er sich sehnt. Gottesliebe und Menschenliebe wurden so auf mystische Weise miteinander verschränkt.

Eine ähnliche Rolle spielte in dieser Dichtung auch die Weinmetapher: man konnte den Wein (mey, bade), dessen Genuss entgegen den Verboten durch die Religion von den Dichtern durchaus gepriesen wurde, entweder *wörtlich* verstehen oder als ein Bild für die *mystische Ekstase*, für den Zustand der Seele im Stand der *unio mystica*, ihres Aufgehens und „Entwerdens" in Gott. Das Entwerden (fana) wurde von den Dichtern und Denkern des Islam als eine Bewegung „weg vom Ich" und seinen selbstischen, egoistischen Regungen definiert. Ziel war gesellschaftlich der Altruismus, theologisch das Einswerden mit Gott, das die Seele als eine coincidentia oppositorum empfand, als eine „Aufhebung der Gegensätze" im Lichte göttlicher Einheit. Erforscher der Mystik haben diese Formen des islamischen Tasawwuf gleichgesetzt mit den beschaulichen Lehren und Versenkungen der Hindus und den Meditationspraktiken der Buddhisten. Sat cid ananda, Seins-Gewahrseins-Seligkeit und die „Meeresstille des Gemüts", wie der Buddha sie anstrebte, gelten somit auch als die höchsten Ziele der islamischen Mystiker, jedenfalls der Radikalsten unter ihnen, die einem Pantheismus huldigen.

Neben der auch sprachlich hochkomplexen und gelehrten Diwan-Poesie gab es in ländlichen Gegenden, in Anatolien zumal, auch immer Volksdichter, die in einfacherer, beinahe volksliedartiger Sprache die Wahrheiten des Glaubens, eingehüllt in Metaphern der Volksmystik, unter die Leute brachten. Die „Aşıklar" (wörtlich: Liebenden) waren besonders populär, ihre Dichtung wurde vom Volk verstanden und diente hier und da auch als Vehikel des Protestes gegen Unterdrückung, etwa durch die Provinzgouverneure und die örtlichen Aghas oder Großgrundbesitzer. Wir werden auf diese besonders reizvolle Form der Dichtung noch zurückkommen. Noch heute werden die Gedichte und Lieder dieser Volksdichter zur türkischen Langhalslaute, der Saz oder Bağlama, vorgetragen.

Um die Mitte des 19. Jahrhunderts, als der Sultan seine Reformen einleitete, begannen sich auch die osmanischen Autoren nach neuen Formen der Literatur umzusehen. Unter dem Einfluss der europäischen Literaturen wurde das Drama eingeführt, Komödie wie Tragödie. 1873 erschien mit „Taaşşuk-i Talat ve Fitnat" („Die Liebe von Talaat und Fitnat") der erste türkische Roman, der diesen Namen verdient, aus der Feder von Şemsettin Sami (1850–1904). Doch mit neuen Gattungen der Literatur allein war es nicht getan. Es ging auch darum, die Sprache der Dichter zu modernisieren und zu vereinfachen. Das Hochosmanische, das „beredte Türkisch" (fasih Türkçe) der Gebildeten wurde vom Volk praktisch nicht verstanden. Eine volksnahe Dichtung sollte entstehen. Entweder griff man zur Form des Sonetts, die man aus Europa übernahm, oder man bediente sich bei den oben erwähnten Formen der anatolischen Volksdichtung, deren Prosodie auf dem System der Silben (hece) beruhte, anders als bei der Hofdichtung, welche die klassischen arabischen, quantitierenden Versmaße übernommen hatte. Diese Versmaße waren für die türkische Sprache in der Regel denkbar ungeeignet, was dazu führte, dass die Hofdichter immer mehr arabo-persische Wörter in ihre Sprache aufnahmen. Die nationale Dichtung neigte somit zum silbenzählenden Versmaß, vor allem zum Elfsilbler.

Ein Autor wie Ahmet Hamdi geriet mitten hinein in die Umwälzungen, die sich nach dem Zusammenbruch des Osmanenreiches ankündigten und musste zu ihnen, wie alle Intellektuellen, Stellung beziehen. Ein ganz neues gesellschaftliches Engagement der Schriftsteller war gefordert, und es wurde von den allermeisten auch geleistet.

Die Reformen vom Reißbrett – zwiespältig

Doch zunächst gilt es, eine tour d'horizon über die Ereignisse der zwanziger und dreißiger Jahre zu geben. Erst dann kann man wirklich verstehen, welche Verwerfungen die Türkei im 20. Jahrhundert erlebte; und auch vieles, was noch heute dort geschieht, beispielsweise die politische Polarisierung, geht auf diese turbulente, grundstürzende Epoche zurück. Gerade auch im Leben des Geistes. Diese Thematik wirft nämlich die grundsätzliche Frage auf, etwa, ob es richtig ist, durch „Reformen“ oder gar „Revolutionen“ von oben, vom Reißbrett gewissermaßen, zu scharfe Einschnitte in Leben und Kultur eines Volkes vorzunehmen. Denn genau dieses ereignete sich.

Die Kulturrevolution unter Atatürk

Als Atatürk nach dem Sieg im Unabhängigkeitskrieg 1923 die Republik proklamiert hatte, war dies der Anfang einer *Kulturrevolution*, die er lange schon geplant hatte und die in der Geschichte ihresgleichen sucht. Aus dem islamischen Universalreich wurde eine säkulare Republik, die getragen werden sollte von einer türkischen Nation, die es bis dahin gar nicht gab. Die meisten religiösen Institutionen wurden abgeschafft, zuvörderst Sultanat und Kalifat; die Scharia (şeriat) wurde allmählich durch westliche Rechtssysteme ersetzt, die Scharia-Gerichtshöfe wurden geschlossen, 1928 die Lateinschrift eingeführt; die Gleichberechtigung von Mann und Frau war dem „Gazi“, dem Glaubenskämpfer, wie man Mustafa Kemal bald respektvoll nannte, ein besonderes Anliegen. Eine umfangreiche Alphabetisierungskampagne wurde gestartet. Eine Sprachkommission wurde eingesetzt, deren Aufgabe es war, das Türkische zu nationalisieren, das heißt, den Ballast der arabischen und persischen Fremdwörter, deren Anteil am Ende bis zu achtzig Prozent des hochosmanischen Wortschatzes betragen hatte, zu reduzieren.

Einerseits gelang es, das Türkische homogener zu machen, andererseits ist es nach wie vor eine Mischsprache geblieben, mit dem Unterschied, dass die Fremdwörter – wir haben bereits darauf hingewiesen – nicht mehr alle aus dem Arabischen oder Persischen stammen, sondern aus den europäischen Sprachen, etwa dem Französischen oder Italienischen. Hinzu kommen sogenannte türkische Neubildungen, die nicht in allen Fällen geglückt sind. Unter den Turkologen gibt es mittlerweile Spezialisten, die sich intensiv mit der Geschichte der türkischen Sprachreform befassen. Heutzutage ist die Sprachreform in ein ruhigeres Fahrwasser geraten, doch fällt auf, dass gerade jüngere Schriftsteller gerne die alten osmanischen Wörter verwenden – aus ganz unterschiedlichen ästhetischen oder sogar politischen Gründen. Die Sprache, welche Ahmet Hamdi verwendete, dürfte dabei bei dem einen oder anderen Autor eine vorbildhafte Rolle spielen. Jedenfalls bekommt man dies immer häufiger zu hören und zu lesen von türkischen Autoren, so von dem Nobelpreisträger Orhan Pamuk. Tanpınar war auch auf diesem Felde kein Bilderstürmer, sondern bewahrte ein historisches Bewusstsein, das in der Sprache einen lebendigen Organismus sieht, den man nicht beliebig manipulieren sollte.

Tanpınars Werke – eine Gesamtschau

Zu seinen Lebzeiten wurden nur ganz wenige Werke Ahmet Hamdis veröffentlicht. Erst jetzt bekommt man allmählich einen Ein- und Überblick über die Vielfalt dessen, was dieser Autor geschrieben hat. Nach der Auffassung von Beatrix Caner, der wohl besten Kennerin von Tanpınars Werk in Deutschland, bildet das Schaffen dieses Schriftstellers eine *Ganzheit*. Es ist eine Ganzheit, die nicht nur ästhetisch, sondern auch philosophisch-weltanschaulich grundiert ist. Tanpınar schrieb Romane, Erzählungen, Kurzgeschichten, Gedichte, Essays, Zeitungsartikel, Tagebücher sowie eine bedeutende Geschichte der türkisch-osmanischen Literatur im 19. Jahrhundert. In allen Werken verfolgt Tanpınar einen philosophischen Ansatz, der auch seine Ästhetik prägt. Es ist ein Ansatz, der das Leben vor allem unter dem Gesichtspunkt der Zeitlichkeit und der Geschichtlichkeit sieht, aber auch unter dem Dach einer mystisch inspirierten Ganzheit als Erfahrung der Aufhebung der Zeit im ewigen Augenblick oder in der Zeitlosigkeit. Das mystische Element entstammt dem Sufismus, der Mystik des Islam, insbesondere dem großartigen Werk von Mevlâna Celalettin Rumi, das philosophische Element fußt im Wesentlichen auf dem Denken von Henri Bergson, der – vielleicht nur noch übertroffen von Martin Heidegger – wie kein Zweiter im 20. Jahrhundert über Zeit und Zeitlichkeit, über Dauer und individuelle Zeit, über das Leben im Kontext eines schöpferischen Werdens (élan vital) nachgedacht hat. Bergson, der auch den Nobelpreis für Literatur erhielt, ist der wichtigste Vertreter der Lebensphilosophie in Frankreich. Zu den Quellen von Tanpınars ästhetischem, schriftstellerischen Konzept gehört der französische Romancier Marcel Proust, dessen Mammutwerk „A la recherche du temps perdu" („Auf der Suche nach der verlorenen Zeit") ihm Vorbild wurde. Und was seine Lyrik betrifft, so waren es ebenfalls französische

Vorbilder, wie Paul Valéry oder Stéphane Mallarmé, die den türkischen Dichter geprägt haben. Es war für die damalige spätosmanische und früh-kemalistische Elite, wie wir schon sahen, charakteristisch, dass sie sich an Frankreich und der französischen Sprache ausrichtete. Freilich erweist sich Tanpınar in seinen Gedichten, ganz anders als in seiner Prosa, nicht als Revolutionär. Allerdings klingt in den Gedichten schon eine Thematik an, die für sein gesamtes Schaffen existenziell sein wird: das Thema Zeit, die Zeitlichkeit und der Versuch, die Zeit in einer von der Mystik kommenden Kategorie aufzuheben.

Ein erheblicher Teil der Tanpınarschen Ästhetik und Weltanschauung erschließt sich schon aus seinen Gedichten. Bereits in ihnen entdeckt man, dass die Themen Zeit, Vergänglichkeit, Aufhebung der Geschichte in Zeitlosigkeit oder doch in einem Stadium des Bewusstseins, das dieser eng verwandt ist, den Dichter sehr stark beschäftigt hat. Eines seiner berühmtesten Poeme trägt denn auch den Titel „Weder bin ich in der Zeit, noch gänzlich außer ihr" (Ne içindeyim zamanin ne de büsbütün dişinda):

Weder bin ich in der Zeit
Noch gänzlich außer ihr,
Im unteilbaren Fluss
Eines ganzen, breiten Augenblicks.

Mit einer seltsamen Traumfarbe
Erscheint jede Form wie eingeschlafen,
Sogar die Feder, fliegend im Wind,
Ist nicht so leicht wie ich.

Dieses fast mystische Aufgehoben-Sein in der Leichtigkeit der Zeitlosigkeit erscheint hier rein emotional, wir werden aber sehen, dass Tanpınar es auch rational interpretiert. Es geht nicht um Empfindung allein, um mystische „Gefühligkeit", sondern um ein letztlich integratives Weltbild, das es dem Menschen erlaubt, den „Überblick" zu gewinnen und zu erhalten, soweit ihm das in einer Welt disparatester Tatsachen, Verhältnisse und Handlungen möglich ist. Dieses Streben nach Ganzheit und Zusammenschau verdankt Tanpınar gewiss der klassischen osmanischen Dichtung, aber auch europäischen Vorbildern, die im allmählichen Zerfall der europäischen Kultur und ihrer Werte eine Gefahr sahen. Und wie es nach der drastischen Zäsur in der Türkei weitergehen sollte, war und wurde Tanpınars Hauptthema, das er freilich mit vielen anderen Schriftstellern und Dichtern teilte. Seine Suche nach neuen Formen und Inhalten war dabei immer durch Nachdenklichkeit gekennzeichnet.

Die zwei Meisterromane

Von den fünf Romanen, die Ahmet Hamdi schrieb, sind zwei absolute Meisterwerke: Der erst postum erschiene Roman „Saatleri Ayarlama Enstütüsü" („Das Uhrenstellinstitut") und der 1949 publizierte Roman „Huzur" („Seelenfrieden"). Vor allem „Huzur" gilt heute als das *magnum opus* dieses Autors. „Das Uhrenstellinstitut" kann als eine zeitkritische Parabel auf die großen Reformen der Republik gelesen werden, wobei das „Uhrenstellen" durchaus wörtlich verstanden werden kann. Nach Atatürks Revolution tickten die Uhren im Lande tatsächlich anders. Das begann mit der Umstellung von der islamischen Zeitrechnung von der Auswanderung des Propheten Mohammed von Mekka nach Medina im Jahre 622 n. Chr., das heißt der Rechnung nach Mondjahren, hin zum westlich-gregorianischen Kalender. Es bedeutete auch, die alten arabischen Monatsbezeichnungen im Kalender abzuschaffen und durch „moderne" Namen nach westlichem Vorbild zu ersetzen. Das bisher orientalische Leben, in dem die genutzte Zeit weniger wichtig war, wurde im modernen Sinne auch dadurch verzeitlicht, dass alles irgendwie „gestellt" wurde, geregelt, festgelegt, registriert und in Listen eingetragen, was bisher nicht festgelegt war; man denkt ein wenig an den von dem Philosophen Heidegger geprägten Begriff des „Gestells". Sogar die Familiennamen, die man 1934 erstmals in der Geschichte der Türkei einführte, gehörten zu dieser Umstellung der zeitlichen Verhältnisse.

Der Hauptprotagonist und Ich-Erzähler des Romans ist Hayri Irdal, eine Art türkischer Oblomow. Er wird stellvertretender Direktor des im Laufe der Handlung ins Leben gerufenen Uhrenstellinstituts, das zur Aufgabe hat, alle Uhren im Lande zu kontrollieren. Wessen Uhren nachgehen, der muss Strafe zahlen. Im Widerholungsfall gibt es ein Rabattsystem. Abteilungen und Unterabteilungen werden geschaffen, eine Psychologie der Uhr ins Leben gerufen, kurz: Alles dreht sich in der neuen Zeit um die Uhr. Messung und Festlegung als Prinzip werden so wichtig und sogar populär, dass Hayri einen Bucherfolg landet mit der fiktiven Biographie eines Gelehrten aus dem 17. Jahrhundert, „Ahmet Zamani" („Ahmed der Zeitmesser"), der als Vorläufer des Uhrenstellinstituts-Gründers gilt. Aus dem Osmanenreich wird die Türkei. Die Menschen müssen in der neuen Zeit erzogen werden. Schließlich wird das Institut doch aufgelöst, aber seine Ergebnisse wirken weiter. Der Orient wird verwestlicht.

Doch Zeit und Zeitlichkeit sind etwas Verschiedenes. Die messbare Zeit ist linear, die erfüllte Zeit nicht. Die Zeit erfüllter Geschichte, nicht bloß der Ereignisgeschichte, verläuft zyklisch. In diesem Roman behandelt Tanpınar, wie auch in Huzur und vielen seiner Gedichte und Essays, sein ureigenes Thema: die Zeit (zaman), und alles, was mit ihr zusammenhängt. Zwei Welten stoßen aufeinander, die der Moderne, für die Zeit Geld ist (time is money), und die des Ostens, der in der Zeit primär nichts sieht, was man ausbeuten oder konsumieren könnte. Ideal des Ostens war der „gelebte Augenblick", welcher der Zeit und dem Erleben existenzielle Dauer verleiht, während eben dieser Augenblick im westlichen Empfinden eigentlich gar nicht existiert, sondern im Vergehen der Zeit einen kaum wahrnehmbaren, abstrakten und vergänglichen Zwischenschritt einnimmt.

Mit dem umfangreichen Roman „Huzur" indes hat Tanpınar nicht nur sein Meisterstück geliefert, sondern der modernen türkischen Literatur zu ihrem Gipfelwerk verholfen. Der so urteilt ist kein Geringerer als Orhan Pamuk, der kein Hehl daraus macht, dass Tanpınar – neben Thomas Mann und James Joyce – zu seinen Vorbildern zählt. Nicht zuletzt auch, weil Tanpınar mit „Huzur" auch das beste Buch über Istanbul geschrieben habe – und das will etwas heißen angesichts der Menge von Büchern, die über die Metropole am Bosporus verfasst worden sind.

Das türkische, aus dem Arabischen stammende Wort „huzur" hat vielerlei Bedeutungen. „Harmonie, Seelenfrieden" sind die am häufigsten genannten. Wer Tanpınars Roman liest, bemerkt jedoch bald, dass die affirmativen Bedeutungen dieses Wortes hier überhaupt nicht zutreffen, sondern, dass Seelenfrieden wohl eher negativ gemeint ist. Eine umfassende Beschreibung und Analyse dieses gewaltigen Romans ist von Beatrix Caner geleistet worden. Ich kann hier nur versuchen, die großen Linien des Werkes nachzuzeichnen und seinen Inhalt einzuordnen in Tanpınars nicht so ganz einfach zu charakterisierendes Weltbild.

In dem Roman spielen eine Rolle: die Hauptfiguren, vier an der Zahl, dann die Zeitläufe, das heißt mehr oder weniger die zweite Hälfte der dreißiger Jahre des vorigen Jahrhunderts, schließlich die Vergangenheit und sogar die Zukunft, denn die Handlung endet am Tag des Ausbruchs des Zweiten Weltkrieges, am 1. September 1939, dessen gesamte Geschichte der damalige Leser (im Jahr 1949) schon kannte, und der heutige Leser erst recht. Eine Rolle spielt aber auch die Stadt Istanbul, die Heimatstadt des Autors, die sich wie kaum eine zweite anbietet als ein geschichtlicher, also historischer und kulturhistorischer Ort der Türkei. Als ein Brennpunkt nicht nur subjektiven, individuellen, sondern objektiven Lebens in Zeit und Zeitlichkeit. Ein Schauplatz der Geschichte und, natürlich, auch der Literaturgeschichte.

Die vier Hauptcharaktere des Romans sind: Mümtaz, ein siebenundzwanzigjähriger Dozent der Literaturwissenschaft, der zumindest teilweise mit dem Autor Tanpınar gleichzusetzen ist, Ihsan, sein Cousin, den er „Bruder“ nennt, Nuran, Mümtaz' Geliebte, und schließlich Suat, ein Freund beider, der krank ist und noch dazu seelisch entwurzelt, aus der Bahn geworfen. In der Gestalt Suats kann man vielleicht den modernen, vielfach entwurzelten Menschen vermuten, den Nomaden der Großstadt, der allen Traditionen entfremdet und verlustig gegangen ist; Suat jedenfalls phantasiert vom „neuen Menschen“ der Zukunft, er imaginiert jedoch „keinen Ronsard und keinen Fuzuli“ in Anspielung auf zwei berühmte Klassiker der französischen und türkischen Literatur.

Das Beziehungsgeflecht dieser vier *dramatis personae* bildet Hintergrund und Struktur für zahlreiche Nebenstränge, die der Autor aus der Geschichte und Kulturgeschichte, der Dichtung und Musik nimmt – häufig angeregt durch seine Kenntnis des Kosmos Istanbul. Neben der Dichtung ist es vor allem die Musik, die zum Tragen kommt, die westliche Musik ebenso wie die orientalische, deren Kenner Tanpınar war. Beatrix Caner hält es für ziemlich sicher, dass die vier Teile des Romans, benannt nach den vier Hauptpersonen, den vier Sätzen einer klassischen Symphonie nachgebaut sind. Und sie hält es für mit an Sicherheit grenzender Wahrscheinlichkeit für erwiesen, dass Tanpınar sich die berühmte Fünfte Symphonie Beethovens, die „Schicksalssymphonie“, zum Vorbild der Romankomposition genommen hat. Musikalität ist darüber hinaus auch bis hinein in die Sprache nachzuweisen, Tanpınar passt die Sprache ganz dem Charakter der agierenden Personen und/oder dem Inhalt des Dargestellten an oder verändert sie entsprechend.

Mümtaz lebt bei dem kranken Ihsan. Dieser Ihsan trägt ganz offenkundig Züge von Yahya Kemal Beyatli, dem konservativen Dichter und väterlichen Lehrmeister Ahmet Hamdis. Wir begleiten Mümtaz durch Istanbul und durch die Zeit. Über seine Jugend, den gewaltsamen Tod seines Vaters und andere Begebenheiten, erfahren wir etwas in der Rückblende. Der zweite Teil behandelt die Liebesaffäre zwischen Mümtaz und Nuran. Nuran ist von Fahir Bey getrennt und hat eine Tochter, Fatma. Die Tochter kann Mümtaz nicht leiden und lehnt eine dauerhafte Verbindung ihrer Mutter mit dem Dozenten ab. So steht diese Liebe von Anfang an unter einem düsteren Stern, ist zum Scheitern verurteilt. Auch muss Nuran eine gesetzliche Frist abwarten, um wieder heiraten zu können, was die Beziehung zusätzlich belastet. Im dritten Teil verschafft uns der Dichter eine Tour d'horizon über das intellektuelle Leben Istanbuls, an dem Mümtaz und Nuran regen Anteil nehmen. Reflexionen über das Wesen von Orient und Okzident, über Dichtung und Musik sowie anderen Gebiete der Kultur begleiten nun den Gang der Handlung und geben Einblicke in die Gedankenwelt Ahmet Hamdis. Nuran will nun ihre Heirat vorantreiben, besorgt eine gemeinsame Wohnung, doch verliert sie – sozusagen als ein böses Omen – den Schlüssel. Suat findet den Schlüssel und erhängt sich in einem Anfall von Lebensüberdruss in dieser Wohnung. Nuran ist über diese Tat, die Suat mit vollem Kalkül ausgeführt hat, so entsetzt, dass sie die Heiratspläne mit Mümtaz aufgibt und die Verlobung löst. Suat hat sein Ziel, die Liebe zu zerstören, durch seinen Selbstmord erreicht. Im vierten Teil treibt dieser durchaus „schwarze Roman" der Katastrophe entgegen. Die Krankheit Ihsans verschlimmert sich, sodass Mümtaz mit seiner Hilfsbereitschaft fast überfordert zu sein scheint. Rast- und ruhelos streift er durch Istanbul, doch nun erscheint ihm seine Stadt ganz anders: düster und tragisch umschattet. Diese Stimmung passt zu seiner innerlichen Zerrissenheit. Er begegnet einem Militärarzt, mit dem er nicht nur über die lebensbedrohende Krankheit Ihsans diskutiert, sondern auch über die gefährlichen politischen und historischen Zeitläufe. Er versucht noch einmal, ein Medikament zu besorgen, das Ihsan helfen könnte, doch kommt er zu spät. Ihsan ist gestorben – just in jenem Augenblick, in dem das

Radio den Beginn des Zweiten Weltkrieges als Nachricht verkündet. Alle sind gescheitert, Nurans Ehe und neue Beziehung, Suat mit seinem anarchischen Lebensentwurf, Ihsan ist tot. Nur Mümtaz muss irgendwie weiterleben. Dass der Roman „Harmonie, Seelenfrieden" überschrieben ist, erweist sich spätestens hier als reiner Sarkasmus. Der Titel ist eine Anspielung auf jene Mentalität, die sich unter der Elite des Osmanischen Reiches in dessen Endphase herausgebildet hatte: eine von der islamischen Mystik beeinflusste „Leichtigkeit des Seins", die nun beim besten Willen nicht mehr anzutreffen ist.

Zeit, Dauer, Zeitlichkeit

Der Roman „Huzur" lebt am allerwenigsten vom erzählten Inhalt (Plot) selbst, der rasch zusammengefasst ist. Sein eigentlicher Inhalt ist eine Gesamtschau des Lebens, das sich zwischen Zeit, Dauer und Zeitlichkeit vollzieht. Hintergrund und gleichzeitig Metapher für dieses *temporäre Geflecht* von Sein und Dasein, von Werden und Vergehen ist die Stadt Istanbul, Konstantinopel, Byzanz. In diesem differenzierten, in Verwandlung begriffenen Kosmos spiegeln sich die Verwandlungen der Menschenwelt. Mit dem Gespür des Genies hat Ahmet Hamdi erkannt, dass die Zeit und ihre verschiedenen Facetten das große Thema der Epoche geworden ist. Albert Einstein schuf mit der Relativitätstheorie ein völlig neues Bild von Raum und Zeit, indem er das durch Newton überkommene Raster eines dreidimensionalen Raumes und eines gewissermaßen nebenher laufenden linearen Zeitstrahls als grobe Vereinfachung erkannte und durch die Raumzeit ersetze – mit allen physikalischen und philosophischen Folgen, die das hatte. Es ist eine vierte Dimension, die sich der Mensch nicht vorstellen kann und die schon auf die Transzendenz verweist. Der Philosoph Heidegger veröffentlichte 1927 sein Werk „Sein und Zeit", in dem er die Frage nach dem Sein, dem Dasein und der Zeitlichkeit, der dem Dasein als „Geworfenheit" unterworfen ist, neu stellte. Auf Bergson und die Lebensphilosophie, die unterscheidet zwischen der linearen Zeit und der erfüllten Zeit als Dauer, die dem Leben zudem Zyklen zuweist, habe ich schon hingewiesen. All dies spielt nicht allein in „Huzur", sondern im Gesamtwerk Tanpınars eine überragende Rolle.

Von dieser Komplexität des Zeitlichen ausgehend, die sich auch einem naiven Fortschrittsbegriff entzieht – Fortschritt als einfaches Fortschreiten, welches an sich schon gut sei –, entwickelt Tanpınar seine Ansichten zu Ästhetik, Kultur und Geschichte. Diese Ansichten sind derart reflektiert und komplex, dass man verstehen kann, dass Tanpınar lange Zeit damit in ein intellektuelles Abseits geriet; denn bei ihm ist wenig zu holen für einen kulturellen Dogmatismus, wie wir ihn bei den Kemalisten einerseits, bei den marxistisch geprägten Linken oder den „völkisch" bewegten Rechten und Nationalisten andererseits antreffen. So wie Tanpınar sich selbst fragte, ob er ein Linker, ob er ein Rechter sei, so hätte er sich auch fragen können: Bin ich progressiv, bin ich konservativ? „Weder bin ich in der Zeit, noch gänzlich außerhalb" – lautete seine Antwort, die so vielen bis heute Schwierigkeiten bereitet. Es ist ein intellektueller Schwebezustand, in dem sich der Dichter verortet. Und beileibe nicht nur in einem übertragenen Sinn spiegelt sich in seiner Person die gesamte Epoche in ihrer fluenten Unentschiedenheit. Im Gegensatz zu einer weit verbreiteten Meinung gab es Widerstände gegen den radikalen kulturrevolutionären Umbruch der zwanziger und dreißiger Jahre. Selbst Gefährten und langjährige Freunde des Staatsgründers Atatürk votierten bisweilen für eine Verlangsamung des revolutionären Prozesses oder sprachen sich für eine stärkere Betonung von evolutionären Veränderungen aus. Dabei spielte die künftige Stellung der islamischen Religion eine nicht unerhebliche Rolle.

Es unterliegt allerdings keinem Zweifel, dass Tanpınar kein unflexibler Traditionalist gewesen ist. Der heutige Kurs des Landes, die türkische Gesellschaft wieder auf einen dezidiert sunnitischen Islam zu verpflichten, hätte ihm garantiert nicht zugesagt. Er ließ immer klar erkennen, dass sich die neue Türkei ohne Wenn und Aber an Europa auszurichten und zu modernisieren habe. Dafür spricht schon, dass er sich – wenn auch nur für vier Jahre – als Abgeordneter in der Republikanischen Volkspartei CHP engagierte. Die war von Atatürk selbst gegründet worden und absolut seinen laizistischen und modernistischen Prinzipien verpflichtet. Doch wie sollte man sie verwirklichen? Wie sollte man die neue Türkei modernisieren? Behutsam und vorsichtig, wie manche meinten, oder gewissermaßen mit der Brechstange, wie die meisten der Anhänger des Staatsgründers glaubten?

Wenn wir Tanpınars Werk insgesamt betrachten, so besteht für mich kein Zweifel daran, dass er für eine kräftige Umgestaltung der Türkei nach westlichem Vorbild gewesen ist, und so hat er sich auch in seinen mehr feuilletonistischen Werken ausgedrückt.

Als Summe können wir deshalb festhalten: An einen neuen Menschen, wie seine Figur Suat in „Huzur", der aller westlichen wie orientalischen Kultur ledig war, glaubte er nicht. Es ging Tanpınar vielmehr darum, die neue Türkei Anschluss finden zu lassen an den Standard der westlich-europäischen Kultur, doch die eigene Vergangenheit, wie das leider viele in ihrem Übereifer taten, nicht zur Gänze zu verteufeln und ad acta zu legen. Nicht nur in seinen Romanen, sondern auch und vor allem in seinen bekanntesten Gedichten sowie in dem Essayband „Beş Şehir" (Fünf Städte) hat Ahmet Hamdi Tanpınar das Wertvollste aus der osmanischen Vergangenheit und Kultur im Wort aufbewahrt; und er wollte auch, dass dieses geistige Erbe weiterhin fruchtbar bliebe, nicht im Sinne einer bloßen Nostalgie, sondern als Hefe und Sauerteig für die Entfaltung einer zukünftigen modernen türkischen Kultur. Seine Analysen waren in ihrer Differenziertheit und Komplexität seiner Zeit weit voraus, denn nach dem Kahlschlag der Atatürkischen Umwälzung ging es darum, zunächst einmal in großen und groben Umrissen eine Neugestaltung von Staat, Nation und Gesellschaft ins Werk zu setzen. Dies ist wahrscheinlich der tiefere Grund dafür, dass Tanpınars schriftstellerisches Werk so viele Jahrzehnte lang nur wenig beachtet wurde. In den zwanziger, dreißiger und auch noch vierziger Jahren schlug die Stunde der Ideologen, die glaubten, authentische Konzepte für eine gelungene Modernisierung zu haben, seien diese säkularistisch-positivistisch, wie bei Kemal Atatürk, oder im weitesten Sinne links, marxistisch oder sozialistisch. Tanpınars Vision einer Zukunft, die sich am Westen ausrichtet, aber die eigene Vergangenheit positiv in der Zukunft „aufhebt", war indessen ganz unideologisch; sie folgte den Konzepten der Lebensphilosophie, wie Bergson und andere sie vorgelegt hatten. Wie das Leben selbst, so ist auch Kultur nicht völlig planbar, sondern ein Prozess, in dem Zukunft ohne Vergangenheit nicht vorstellbar ist. Freilich gehört zum Leben auch Veränderung und Anpassung. Im Zeitalter der Evolutionslehre verstehen wir das noch besser als früher.

Wer die heutige Türkei betrachtet, stellt fest, dass das Land in einer Art und Weise polarisiert ist, die anderswo schwer zu verstehen ist. Die beiden politischen Lager – hier die AKP des langjährigen Ministerpräsidenten, jetzt Staatspräsidenten Recep Tayyip Erdoğan und des (ehemaligen) Staatspräsidenten Abdullah Gül, dort die kemalistische und sonstige Opposition – stehen sich in einer Feindseligkeit gegenüber, die außerhalb der Türkei schwer zu vermitteln ist. Die türkische Soziologin Nilüfer Göle hat in den achtziger Jahren die beiden Begriffe der „weißen Türken" und der „schwarzen Türken" geprägt. Die Türkei ist in den vergangenen hundertfünfzig Jahren, das heißt seit Beginn der Reformpolitik der Sultane, von den „weißen Türken" regiert worden, das heißt von Leuten, die, Europa zugewandt, ziemlich säkularisiert oder agnostisch waren und häufig, wie Mustafa Reşit Pascha oder Ahmet Midhat Pascha, die beiden größten Reformpolitiker der osmanischen Ära, vom Balkan stammten. Dies gilt nicht zuletzt für Kemal Atatürk selbst, der aus Saloniki kam, und einen großen Teil seiner Mitstreiter und Anhänger. Seit 2002 nun, dem ersten Wahlsieg der AKP, wird das Land erstmals von den „schwarzen Türken" regiert, das heißt von einer Mentalität, wie sie für das Kleibürgertum Anatoliens und die Bewohner der Armenviertel der großen Städte charakteristisch ist. Diese Mentalität ist nicht oder nur teilweise verweltlicht, wurzelt vielmehr fest im traditionellen islamischen Milieu. Seit dem Jahre 1950, als zum ersten Mal mehrere Parteien zur Wahl standen, ist dieses Milieu immer einflussreicher geworden. Dies reichte bis hin zur Ausbildung entschieden islamistischer Strömungen. Unter der AKP ist die Türkei ökonomisch modernisiert worden, was ihr auch die Stimmen vieler Unternehmer einbrachte; gleichzeitig gibt es jedoch eine Tendenz, den Lebensstil der Türken gemäß den Vorstellungen der „schwarzen Türken" zu islamisieren, was im anderen Lager auf entschiedene Ablehnung und in letzter Zeit auch auf entschiedenen Widerstand stößt. Beide Lager haben sich nichts zu sagen, sind sich in herzlicher Feindschaft verbunden.

Diese Gefahr der Polarisierung ist von Tanpınar erkannt worden. Im „Uhrenstellinstitut" hat er an einer einseitig ideologischen und auch dogmatischen Modernisierung des Landes Kritik geübt; doch auch eine nostalgisch verbrämte Rückkehr zu einem verherrlichten, kritiklosen Osmanentum, wie man sie in den vergangenen Jahren hier und da beobachten kann, lehnte er ab und hätte sie heute erst recht abgelehnt.

Die vergangene Zeit zu bannen, sie gar anzuhalten oder zurückzuholen, ist nicht möglich, weder im Wort noch gar in der politisch zu gestaltenden

Realität. Chronos, der Gott der Zeit, ist nicht zu überlisten; die eine Waffe, die der Mensch gegen das Verrinnen der Zeit in der Hand hat, ist das Geschichtsbewusstsein. Dafür plädiert Ahmet Hamdi historisch, kulturell, politisch und auch ästhetisch. Dieses umfassende Geschichtsbewusstsein wird im Roman „Seelenfrieden“ durch den Schauplatz Istanbul widergespiegelt. Es ist bezeichnend, dass Ahmet Hamdi sich mit der neuen Hauptstadt der Republik, Ankara, nur schwer anfreunden und identifizieren konnte. Das ging übrigens vielen anderen auch so. Hier war fast alles Anfang, Neubeginn, ganze Viertel, angefangen mit dem Regierungsviertel, entstanden quasi aus der Retorte; zwar war Ankara, das antike Ancyra, nicht völlig geschichtslos, wie bisweilen behauptet wird, doch mit Byzanz, Konstantinopel, Istanbul konnte es natürlich in keiner Weise mithalten.

So nimmt es nicht wunder, dass Tanpınar, wie Orhan Pamuk meint, auch das Allerschönste über Istanbul in der ganzen türkischen Literatur geschrieben hat. Überhaupt werden ihm die türkischen Städte zum Hintergrund, als Poet und Denker Paradigmatisches auszusagen. Bestes Beispiel dafür ist sein Buch „Beş şehir“ („Fünf Städte“), in welchem er die Metropolen Ankara, Erzurum, Konya, Bursa und natürlich Istanbul porträtiert. Diese Porträts unterscheiden sich freilich von herkömmlichen Beschreibungen bestimmter Schauplätze, ihrer Sehenswürdigkeiten und Höhepunkte; der Autor, unablässig – und darin dem Poe'schen „Man oft he crowd“ gleich – durch seine Städte flanierend, versucht, etwas zu erkunden, was selten geworden ist, ja dessen Existenz von vielen ganz und gar geleugnet wird: das Wesen dieser Städte.

Besonders angetan hat es ihm Bursa, das Prussa der Antike, das ganz im Schatten des Ulu Dağ liegt, des schneebedeckten Berges, den die Griechen als den Bythinischen Olymp bezeichneten. Gewissermaßen als das kleinasiatische Gegenstück zu ihrem Götterberg nördlich von Thessalien. Bursa war die erste Hauptstadt des Osmanischen Reiches in der ersten Hälfte des 14. Jahrhundert, Brennpunkt jener territorialen Keimzelle, aus der sich das später so ausgedehnte und machtvolle Imperium entwickelte. Seine Moscheen und Türben, Paläste und Brunnen sind die ältesten, verweisen auf eine imperiale Urzeit der Türken zurück, die zum Nachsinnen über die Zeit, das Lebensthema Tanpınars, anregt.

So wollen wir mit ein paar Zeilen aus jenem Gedicht schließen, das dieser Stadt gewidmet ist und als das bekannteste dieses Autors überhaupt gilt: „Eine Zeit in Bursa“ ist sein Titel:

In Bursa ein Moschee-Hof klein und alt,
Ein Wasser plätschernd in dem Brunnen wallt,
Auch eine Mauer noch aus Sultan Orhans Zeit,
Gleichaltrig die Platane ihr zur Seit …

Bursa ist heute eine Millionenstadt mit viel Industrie, und die Zeiten der Sultane sind unwiderruflich vorbei. Nur in der Kunst kann man ihrer gedenken. Die Bekanntschaft der Deutschen mit dem Werk Ahmet Hamdi Tanpınars steht erst am Anfang. Gesucht sind mutige Verleger, die sich der Übersetzung seiner Werke widmen. Es lohnt sich.

*

Dieses Kapitel ist ein stark veränderter Vortrag, den der Verfasser am 25. September 2014 im Karl Jaspers-Haus zu Oldenburg gehalten hat. Die erste Fassung wurde im Karl Jaspers-Jahrbuch 2015 veröffentlicht.

Lyrik und Prosa aus zwei Welten

Der Dichter und Essayist Yüksel Pazarkaya

„Die Deutschen lieben die Maschinen“
(Fazil Hüsnü Daglarca)

Yüksel Pazarkaya sieht aus wie ein typischer Türke: Er ist nicht besonders hoch aufgeschossen und trägt einen Schnauzbart, einen *Biyik*, der schon lange ganz weiß ist. Doch Pazarkaya ist auch schon lange Deutscher; insofern relativiert sich eine solche Beschreibung durchaus. Er lebt seit 1958 in unserem Land und besitzt auch schon lange dessen Staatbürgerschaft. In der deutschen Sprache ist er ein Meister, wie seine zahlreichen Schriften, wie auch seine Gedichte in zwei Sprachen sowie seine Übertragungen türkischer Poesie beweisen. In seiner Muttersprache Türkisch ist er es ohnehin. Für die Vermittlung türkischer Kultur an die Deutschen hat er Ungeheures geleistet, dies ist keine Übertreibung. Und diese seine Vermittler-Tätigkeit setzte bei ihm ein, lange bevor andere deutsch-türkische Autoren auf den Plan traten und ein Gleiches taten. Sie waren eben auch jünger als er. Er hätte bestimmt nichts dagegen, wenn man ihn als „Kulturarbeiter“ charakterisieren würde, denn neben seiner schöpferischen Tätigkeit als Lyriker, Essayist und Übersetzer war er auch als Lehrender in deutsch-türkischen Zusammenhängen aktiv, bis hin zu Kursen über die Türkei an Volkshochschulen. Und viele Jahre wirkte er auch als Radio-Redakteur. Etliche Preise und Auszeichnungen waren der Lohn für seine Kulturarbeit.

Yüksel Pazarkaya ist Jahrgang 1940. Er stammt aus Izmir an der leuchtenden Küste der Ägäis, das allgemein als die modernste Stadt der Türkei gilt. Auch ihre Menschen – es ist das alte Smyrna der Griechen und vielleicht sogar die Heimatstadt Homers – gelten als besonders aufgeschlossen. Bis heute ist Izmir ein Zentrum des Kemalismus, das heißt jener politischen und kulturphilosophischen Fortschritts-Doktrin, die sich auf das Wirken Mustafa Kemal Atatürks in den zwanziger und dreißiger Jahren des vorigen Jahrhunderts bezieht. Als wichtigstes Merkmal dieser Lehre kann die Trennung von islamischer Religion (Religion überhaupt) vom politischen Leben, von der Machtausübung angesehen werden. Ihr fühlte sich Yüksel Pazarkaya, der seit 2003 auch teilweise wieder in der Türkei lebt, lebenslang verpflichtet. Der Kemalismus ist sozusagen sein intellektueller Maßstab, nach dem er die Dinge beurteilt: Politik, Gesellschaft, Religion, Kunst und Literatur. Freilich geht ihm jene dogmatische Sturheit ab, die manch anderen Kemalisten kennzeichnet. Gegenwärtig sind die Errungenschaften eines moderat verstandenen Kemalismus – um es zurückhaltend auszudrücken – durch einen erstarkten politischen Islam – wieder bedroht. Das kann einem Poeten und Intellektuellen wie Pazarkaya alles andere als recht sein.

Er studierte Chemie, anschließend in Stuttgart Germanistik und Philosophie. Seine Doktorarbeit handelte vom Einakter in der deutschen Literatur im 18. Jahrhundert, es war eine literaturwissenschaftliche Untersuchung, die 1973 auch als Buch erschien.

Der Autor dieser Zeilen stieß erstmals auf ein Werk Yüksel Pazarkayas, als er bei Frau Marianne Röllig in Tübingen Türkisch-Kurse besuchte. Wir lasen damals literarische Texte aus der bei Otto Harrassowitz in Wiesbaden erschienenen „Türkischen Chrestomathie", herausgegeben von dem bekannten Turkologen Otto Spies. Darin fehlte die Lyrik. Da ich wissen wollte, wie ungefähr man sich moderne türkische Poesie vorzustellen hatte, ging ich auf die Suche nach Büchern – und entdeckte den Autor Yüksel Pazarkaya. „Moderne Türkische Lyrik. Eine Anthologie", erschienen schon 1971. Dieses relativ schmale, doch kompakte Buch begleitet mich nun seit Jahrzehnten, es inspirierte mich zu eigenen Untersuchungen auf dem Felde der türkischen Literatur, und es vermittelte mir als erstes die Grundlagen für deren Verständnis. In einer Einleitung von 35 Seiten legte der Autor alles Wichtige über die Entwicklung der türkischen Poesie von der klassischen Diwan-Lyrik bis zu zeitgenössischen Formen des Dichtens dar. Den Hauptteil bildeten Übertragungen türkischer Dichtung von Yahya Kemal Beyatli bis zu dem damals aktuellen, mit seinen Versen Aufsehen erregenden Poeten Ismet Özel (geb. 1944). Alle bedeutenden Poeten, von Hikmet und Veli angefangen, über Ahmet Haşim, Ahmet Muhip Dranas, Fazil Hüsnü Dağlarca, Cahit Külebi und vielen anderen bis zu Ahmet Arif und Cemal Süreya, waren in dem Band vertreten. Und auch eigene Verse hatte Yüksel Pazarkaya in jener Anthologie untergebracht. Unter der Überschrift „Aussichten“ druckte er vier seiner Gedichte in eigener Übersetzung ab, die sich am besten als avantgardistisch charakterisieren lassen. Das letzte dieser vier Poeme ist auf kritische Weise uns Deutschen gewidmet, die wir in jenen Jahren begonnen hatten, türkische, vornehmlich anatolische „Gastarbeiter“ ins Land zu holen, ohne überhaupt zu wissen, wer diese waren, wie ihre Kultur aussah, was ihre menschlichen Bedürfnisse waren und wonach sie sich sehnten. Von einem Land wie der Türkei, ihren Lebensbedingungen und ihren Menschen, hatte damals keiner eine wirkliche Kenntnis, schon gar nicht die Politiker oder die Wirtschaftsführer.

Das Gedicht heißt bezeichnender Weise „deutsche tierliebe“:

Die uns bestellten zur arbeit –
Wollt ihr uns nun wirklich?
…
Keine paläste wollten wir von euch
Doch ein dach überm kopf
Für uns brauchen wir keine schulen mehr
Doch für unsere kinder
Und seht an
Auch wir lebten bislang mit haus und familie
Die wir gerne hier bei uns hätten
…
Die ihr uns nicht für menschen haltet
Haltet uns doch mindestens für tiere
Die ihr so sehr liebt mit euren sanften herzen
Und euren tierschutzvereinen.

Es sind zweifelsohne polemische Verse, doch die Thematik des Familiennachzuges von Migranten ist auch nach dem Ende der Gastarbeiter-Ära noch nicht erledigt. Ja, sie erscheint heutzutage, im Zeitalter der Massen-Flucht und Migration aus afrikanischen und orientalischen Ländern brisanter denn zuvor.

Bis heute hat sich diese Anthologie bewährt, enthält sie alles an Gedichten, was die Zeit tatsächlich überdauert hat. Ein kurzer Anhang gab die Lebensdaten der Poeten in kurzer, gedrängter Form.

Man kann den Übersetzer und Herausgeber Pazarkaya nur dazu beglückwünschen, dass er im Jahre 1982 beschloss, ein ähnliches Unterfangen zu wagen: In der Blütenlese „Die Wasser sind weiser als wir. Türkische Lyrik der Gegenwart" (zuletzt 1987) legte er ebenfalls einen Überblick zu demselben Thema vor, allerdings bestand der besondere Reiz darin, dass man in dieser neuen Publikation seine Übertragungen ins Deutsche mit den türkischen Urfassungen vergleichen konnte. Yüksel Pazarkaya gab mit beiden Bänden dem deutschen Leser einen umfassenden Einblick in den Kosmos und die Vielfalt moderner türkischer Poesie.

Er wäre freilich nicht derjenige, der er ist, wenn er nicht darüber hinaus den Versuch unternommen hätte, den Menschen in seiner Wahlheimat Deutschland auch umfassendere Einführungen in die türkische Kultur insgesamt zu geben. Dieser Wunsch weckte sozusagen den Essayisten in ihm. Bis heute ist sein Band „Rosen im Frost", erschienen im Jahre 1989, trotz seiner relativen Kürze die gelungenste – und vor allem lesbarste – Einführung in die kulturelle Mannigfaltigkeit der Türkei, die ich kenne. Es ist eine kleine, kompakte Kulturgeschichte, die den Leser aus den Weiten Innerasiens und der dort von den türkischen Nomaden praktizierten Kultur der „alten" Türken bis in die moderne Republik und ihr kulturelles Leben führt. Pazarkaya beginnt mit der Religion, die bei den Türken keineswegs schon immer der Islam gewesen ist. Die Türken waren Schamanisten, Buddhisten, Manichäer – doch ihre weltgeschichtlich herausragende Rolle unter den großen Dynastien der Seldschuken, Rum-Seldschuken, Timuriden, Ghaznawiden, Mameluken und Osmanen spielten sie nun einmal im Zeichen dieser, der islamischen Religion, die Pazarkaya in echt kemalistischer Weise definiert: Islam ist für ihn „freiwillige Hingabe an Gott". Die Betonung liegt dabei auf dem Wort „freiwillig", das logisch zu dem Schluss führt, dass eine unfreiwillige, sprich zwanghafte Hingabe an Gott abzulehnen sei. Diese Auffassung ist authentisch kemalistisch und widerstreitet allen Bestrebungen, den Islam in der Türkei wieder zu einem Faktor zu machen, der den Menschen seiner geistigen Freiheit beraubt und die Religion abermals politisch instrumentalisieren will. Religion, auch Islam, ist eine individuelle Angelegenheit, eine Sache individueller Entscheidung und damit viel wertvoller und kostbarer, als wenn sie eine staatlich verordnete Zwangsveranstaltung wird.

Im Übrigen, das konnte der interessierte deutsche Leser schon früh bei Pazarkaya erfahren, ist auch der Islam ein äußerst vielfältiges Phänomen in der Türkei, nicht zuletzt auch in seinen literarischen Äußerungen. Es ist deshalb verständlich, dass auch in dem Buch „Rosen im Frost" die Literatur wieder den Kern von Pazarkayas Ausführungen ausmacht. Ein besonderes Kapitel ist natürlich dem großen Nâzim Hikmet gewidmet, und ausführlich geht er auf die anatolische Volksdichtung ein, die mit der islamischen Volksfrömmigkeit auf dem flachen anatolischen Land stärker verknüpft ist als mit dem sunnitischen Hochislam, der sozusagen die offizielle Ideologie des Osmanischen Reichs gewesen ist.

Nicht nur als Lyriker, sondern auch politisch stand Pazarkaya dem mehrfachen Ministerpräsidenten der Türkei Bülent Ecevit (1925–2006) nahe. Dieser Sozialdemokrat oder demokratische Sozialist war seit Ende der vierziger Jahre als Dichter hervorgetreten. Wer sein schmales Werk verfolgt, entdeckt darin unschwer die Inhalte dieser anatolischen Volksfrömmigkeit, wie auch der mystischen Frömmigkeit des Tasavvuf, wie man die Lehre der islamischen Sufis mit einem arabischen Wort bezeichnet. Die ethischen Ideale der Sufis – Gottesliebe, die zu Menschenliebe wird – sowie deren Denken, in dem Schöpfer und Geschöpf, Gott, Mensch und Natur zu einer Einheit (vahdet-i vücut) werden, sind auch des Dichters und Politikers Ecevit Ideale, natürlich ins Moderne gewendet. Yüksel Pazarkaya hat diese Gedichte in den siebziger Jahren ins Deutsche übersetzt unter dem Titel: „Ich meißelte Licht aus Stein". Der Band enthält 42 Gedichte und zwei kleinere Essays, in denen Bülent Ecevit Auskunft über seine Motivation als Dichter gibt und sein Weltbild darlegt. Dass Pazarkaya just zu diesem Zeitpunkt den Deutschen darüber Auskunft gab, war eine wirkliche Pioniertat; denn in diesen Jahren ging die „Gastarbeiter"-Welle schon in eine Migration über, die Dauerhaftigkeit ahnen ließ. Ganz abgesehen davon, dass diese Arbeit auch Informationen über den gerade aktuellen Regierungschef des Landes lieferte, der damals als die große Hoffnung des Volkes galt.

Ecevit, in Istanbul als Sohn eines Arztes und einer Malerin geboren, studierte auch in Großbritannien und wurde – schon als Halbwüchsiger zeigte er literarische Interessen – dadurch mit der englischen Dichtung vertraut. Später sollte er aus dem Englischen übersetzen. Seine poetischen Vorbilder wurden T. S. Eliot und Ezra Pound – der amerikanische Übervater der modernen Poesie. Das Studium der Sanskrit-Sprache machte ihn mit den mystischen Traditionen der Inder und mit deren Literaturen bekannt. Aus den türkischen Volksdichtern, wie Yunus Emre, aus Mevlâna Rumi, aus den hinduistischen Weisheitslehren und aus der Moderne schöpfte der Dichter Bülent Ecevit, als Politiker unternahm er dann den Versuch, einen „sozialen Humanismus" in die Tat umzusetzen. Ob Ecevit, wie Pazarkaya in seinem Nachwort andeutet, aus der Tasavvuf-Mystik einen „Materialismus und Sozialismus" entwickelt sehen wollte, bleibe einmal dahingestellt. Solche Ideen waren damals als Nachklang der Achtundsechziger-Bewegung in Europa auch unter türkischen Intellektuellen sehr populär. Uns würde es reichen, darin einen Impuls für die evolutionäre Etablierung einer gerechten und brüderlichen Gesellschaft zu entnehmen, die jedoch andere, nicht ausgesprochen sozialistisch Denkende, nicht von vornherein ausgrenzt.

Seine Gedichte verstand Ecevit nicht als politische Aussagen. Für solche, so schrieb er in einem der von Pazarkaya übersetzten Essays, nehme er andere Mittel in Anspruch. Dichten sei für ihn so etwas wie Denken und Erkennen, ja geradezu eine „Methode des Denkens". Wissenschaftler und Philosophen, so schreibt er, seien oft später zu Erkenntnissen und Einsichten gelangt, welche inspirierte, volksnahe, oft sogar analphabetische Poeten viele Jahrhunderte zuvor kundgetan hätten. Man geht kaum fehl in der Annahme, dass auch Yüksel Pazarkaya im Dichten eine Methode des Denkens sieht.

Bülent Ecevit war wohl kein großer Dichter der modernen Türkei, doch erlangten manche seiner Poeme eine gewisse Popularität, etwa das „Griechisch-türkische Gedicht", in dem er die nicht zu leugnende historische und kulturelle Nähe beider Völker beschwört.

Hoch anzurechnen ist dem Autor Pazarkaya auch, dass er dem türkischen Theaterleben in „Rosen im Frost" einen eigenen Essay widmet. Dabei versäumt er es nicht, auf die durchaus engen Beziehungen zwischen türkischen und deutschen Theaterleuten hinzuweisen. Pazarkaya selbst hat schon in den sechziger Jahren Theaterpraxis in Deutschland gesammelt. Die theatralische Kunst nach westlicher Auffassung war und ist ein junges Pflänzchen innerhalb der türkischen Kultur. Seit dem Ende des 18. Jahrhunderts waren gelegentlich europäische, oft italienische Theatergruppen in Istanbul/Konstantinopel gewesen und hatten am Sultanshof Vorstellungen gegeben, vornehmlich aus dem Repertoire der klassischen *comedia del arte*; erst nach der Mitte des 19. Jahrhunderts, parallel sozusagen zu den politisch-gesellschaftlichen Tanzimât-Reformen, waren auch Theaterklassiker wie Shakespeare oder Moliere in das Osmanische Reich eingedrungen. Heute gibt es eine lebhafte Theater- und auch Opernszene; ein Mann wie Muhsin Ertuğrul (1892–1979), der Pionier des modernen türkischen Theaters, hat sich auch einen internationalen Namen gemacht. Er begann als Schauspieler in Paris, lernte dort und dann in Berlin die bedeutendsten Protagonisten des modernen europäischen Theaters kennen und leitete nach seiner Rückkehr in die Türkei viele Jahre das Istanbuler Stadttheater „Dârülbedâyi". Doch auch um die türkische Filmindustrie hat er sich verdient gemacht; Ertuğrul schuf einige Filme, die sich durch ihren künstlerischen Anspruch von der Massenware der Yeşilçam-Filme populären Zuschnitts meilenweit abhoben.

Man liegt freilich kaum falsch, wenn man feststellt, dass Yüksel Pazarkaya sein eigenes lyrisches Werk, sein poetisches Schaffen das Wichtigste ist. Es liegt in türkischer wie in deutscher Sprache vor. Es dürfte ein ganz seltenes Phänomen sein, dass ein Autor in der Lage ist, seine Verse aus der Muttersprache meisterhaft und paradigmatisch in die „zweite Muttersprache" zu übertragen. Doch genau dies tut Pazarkaya.

In seiner Gedichtsammlung „Du Gegenden (Sen dolaylari). Gedichte Deutsch-Türkisch" zeigt sich Pazarkaya als Dichter, der eine Synthese von Alt und Neu, von Klassik und Moderne im türkischen Gedicht zu verwirklichen sucht. Eine solche Synthese schließt ja nicht aus, gleichzeitig ein Avantgardist zu sein; doch will mir scheinen, dass das Denken in Synthesen bei diesem modernen Dichter, Essayisten und Übersetzer wohl auch dem Älterwerden geschuldet ist.

Der Band „Du Gegenden" jedenfalls hat in der Türkei begeisterte Aufnahme gefunden. Die Kritiker überschlugen sich geradezu, Pazarkaya, so schrieben sie, habe so etwas wie einen „modernen Diwan" geschrieben. Diese Bezeichnung, die der Rezensent Demir Özlü (selbst ein bekannter Autor) verwendet, spielt auf die klassischen Gedichtsammlungen aus osmanischer

Zeit an, deren Geist und Form Pazarkaya wiederbelebt habe, wenn auch in völlig verwandelter, der Moderne, ja der Avantgarde angepasster Weise. Dabei erweist sich schon der Titel „Du Gegenden" als kryptisch und geheimnisvoll. Was soll er bedeuten? Das lyrische Ich, der Dichter, sehnt sich nach einem Du. Aber so einfach ist die Angelegenheit nicht, denn man könnte dann ja einfach „Du" oder „Liebesgedichte" von Yüksel Pazarkaya über diese Gedichte schreiben. Der Titel lautet aber „Du Gegenden". Was sollen das denn für Gegenden sein? Und was heißt in diesem Zusammenhang überhaupt eine „Gegend"? Versuchen wir einmal, die Bedeutung des türkischen Wortes „dolay" zu ergründen. In einem neuen Wörterbuch (Pons) findet man das Wort „dolayi" in der Bedeutung „Umgebung". Als Adverb kennt man „dolayisiyla" oder „dolayisile" in der Bedeutung „um-willen", „wegen". In einem älteren Werk von Fritz Heuser und Ilhami Şevket finden wir „wegen", „infolge", „weil", „da", und „wieder" „dolayisiyle" mit der Bedeutung „infolge von, als weitere, unmittelbare Konsequenz". Die Wortbedeutung „Umgebung" steht dort nicht. Pazarkaya hat sie selbst ins Deutsche als „Gegend" übertragen. Er hätte an Stelle von „dolay" oder im Plural „dolaylar" auch andere Wörter für „Gegend" verwenden können, etwa „çevre" oder „civar". In den Augen des Dichters muss also eine ganz bestimmte Gegend gemeint sein, die in sich ein „um etwas willen" birgt, einen Zweck oder gar mehrere Zwecke, vielleicht eine Art Entelechie im Sinne des Aristoteles, eine Zweckursache, die die Folge von etwas ist.

Es besteht kein Zweifel: Die meisten der Gedichte sind in vielfachen Weisen an ein Du gerichtet. Die Vermutung liegt nahe, dass ein türkischer Dichter, der so intensiv mit der Geistesgeschichte seines Volkes vertraut ist, aus diesem Fundus seine Anregungen schöpft, formal wie inhaltlich. Ich möchte nun behaupten, und die Einschätzung des Kritikers Demir Özlü liegt ganz auf dieser Linie, dass sich Pazarkaya in dieser türkisch-deutschen Gedichtsammlung auf umfassende Weise mit der anatolischen Liebesmystik auseinandersetzt, sie freilich ganz ins Heutige wendend. Der religiöse Kontext – als typisch kemalistischer Intellektueller interpretiert er diesen natürlich säkular – fällt nicht sofort ins Auge, man muss schon die aus der Gedichtsammlung sprechende Gedankenstruktur abstrahieren, um dahinter zu kommen.

Von Beginn an, das heißt vom ersten Gedicht an, ist das lyrische Ich, als Stellvertreter des als Individuum gedachten Einzelnen, nicht alleine im Sinne unbegrenzter Autonomie oder Autarkie. Es ist angewiesen auf ein Du, durch welches es sich erst als vollständiges Ich identifizieren kann. Vor allem als ein soziales Ich, denn das Ich allein und für sich ist anti-gesellschaftlich. Der tiefste Gedanke der islamischen Liebesmystik, wie sie von den Sufis entworfen und von den Dichtern der Vergangenheit besungen wurde, besteht darin, durch Liebe zu einem Du das Ich, den „dunklen Despoten" und seine selbstsüchtigen Regungen zu bekämpfen. So lehrte es unter anderem auch Mevlâna Celâlettin Rumi. In einem seiner Gedichte geht er so weit, dass sein eigenes Ich im Ich seines Seelen-Freundes Schemsettin sich verliert, das heißt, es kommt zu einem Austausch der beiden Ichs, „denn zwei Ich schließt dieses Ich nicht ein", wie man einen der Verse Mevlânas übersetzt hat. Doch was nach irdischer Liebeserfüllung aussieht, wird von den Sufis ins Metaphysische gewendet: Das Du, in das hinein sie „entwerden" wollen, ist in ihrer Sichtweise Gott selbst, den sie als den „göttlichen Geliebten" apostrophieren. Am Ende der mystischen Reise der Seele steht die Identität von Liebendem, Geliebtem und Liebe, Liebender, Geliebter und Liebe sind eins.

In der anatolischen Volksmystik erscheint dieses Verhältnis weniger abstrakt-idealistisch, weniger philosophisch, wie es in der islamisch-mystischen Hochkultur gefasst wird, als vielmehr konkret-bodenständig. Dafür stehen die Wanderderwische (kalender), die aus der bäuerlichen Kultur Anatoliens hervorgingen und als Dichter, wie etwa Yunus Emre, das göttliche Du und seine Menschenliebe, wie Yüksel Pazarkaya in seinen Essays immer wieder hervorgehoben hat, über die konkrete Schöpfung, die Fruchtbarkeit der Natur oder der Erde im Sinne eines Pantheismus oder Panentheismus feiern. Yunus Emre aber ist ganz gewiss auch eines der Vorbilder des avantgardistischen Poeten Pazarkaya. Seine konkrete, am gesellschaftlichen Sein und der Ganzheit der Natur orientierte Dialektik zwischen dem Einzelnen und der Gesamtheit, die der Gesamtheit ebenso zugute kommt wie dem Einzelnen, strukturiert auch diese Gedichte.

Zum Einstieg sei hier das allererste in der Sammlung „Du Gegenden" wiedergegeben:

Beni açiyorsun / Mich erblühst du

Du bist nicht da, mich füllst du an
Lässt überlaufen
Du bist nicht da, mich hältst du
Besetzt
Du bist nicht da, mich erblühst du
Als Gramblumen

Diese wenigen Zeilen setzen sozusagen das Thema der gesamten Gedicht-Anthologie: die Sehnsucht nach dem Du und was das Du bewirkt. Ich und Du sind untrennbar aufeinander angewiesen. In diesem Gedicht wie in den folgenden der Sammlung kann der Rezipient allemal eine normale, alltägliche Liebesbeziehung zweier Menschen assoziieren.

Man lese das zweite Gedicht:

Gittin gelmedi yaz / Fort gingst du, der Sommer blieb aus

Fort gingst du, der Sommer blieb aus
Ich suchte die Sonne in der Zeit
Frost und Einsamkeit machten mich frösteln
Fort gingst du, eine weiße Wolke trieb
Walnussklein blieb die Melone
Tee und Polei halfen meiner Kälte nicht ab
Fort gingst du, dir nach mein Auge
Zuckte haltlos
Dich pochte mein Herz

Es ist eine Klage über die Trennung, die hier angestimmt wird. Eine Trennung, die krank macht und gegen die es kein Heilmittel gibt, außer der ersehnten Rückkehr des Du und der Liebe („Dich pochte mein Herz"). Ich weiß nicht, ob Yüksel Pazarkaya mit meiner Vermutung einverstanden wäre, ich möchte sie dennoch hier vorbringen: Es gibt ein altes mystisches Gedicht aus der Feder von Haci Bayram Veli, einem 1429 gestorbenen Volksdichter der Mystik, das lautet:

Was hat dieses Herz, was hat dieses Herz?
Welchen Schmerz muss es ertragen?
Brennen tut es, brennen, dieses Herz,
Nur im Brennen findet Heilung dieses Herz.

Brenne mein Herz, so brenne doch!
Durch Brennen findet Heilung alleine der Schmerz.
Motte zum Licht, Motte zum Licht,
Licht-Trunkenheit Gottesnähe verspricht.

Diese wenigen, in der Türkei sehr bekannten Zeilen über die Trennung der Seele von Gott, die nur durch die (Wieder)-Vereinigung mit ihm geheilt werden kann, könnten in ihrem sprachlich einfachen Duktus und in der Klarheit ihrer Aussage den modernen Dichter Pazarkaya zu seinen Zeilen angeregt haben. Neben der Trennung vom Du und dem Schmerz, den sie verursacht, kommt in Pazarkayas Gedicht sogar das Heilmittel vor: der Polei (yarpuz, das Flohkraut), eine Arznei, die aber nicht hilft. Der Polei ist eine Minzen-Art, die giftig ist, aber auch als Heilmittel eingesetzt werden kann. Auf die Dosis kommt es an, wie beim Teryak, dem in den Dichtungen des Orients oftmals beschworenen Gift, das auch als Gegengift gelten kann. Liebestrennung, Liebesentzug und Liebesschmerz sind Topoi der sufischen Dichtung und des mystischen, von der Gnosis beeinflussten Denkens. Man denke nur an das berühmte Proömium aus Mevlâna Celâlettin Rumis „Mesnevi", in dem das Schilfrohr in Gestalt der Rohrflöte darüber klagt, dass man es abgeschnitten, damit seines Ur- und Wachsgrundes beraubt hat. Auch damit wird natürlich auf die Trennung von Gott und auf die Sehnsucht nach Ihm angespielt.

Hör auf der Flöte Rohr, was es verkündet,
Hör wie es klagt, vom Trennungsschmerz entzündet:
Als man mich abschnitt einst am schilfbewachsnen See,
Da weinte alle Welt bei meinem Weh …

Natürlich meine ich nicht, dass einem avantgardistischen Dichter wie Yüksel Pazarkaya exakt dasselbe Weltbild zu eigen ist wie dem vor sechshundert

Jahren lebenden Haci Bayram oder auch Rumi, er dürfte über den Islam seine besonderen, eigenen Ansichten haben; doch als Kenner der langen Tradition volkstümlich-mystischer Dichtung liegt der Gedanke nahe, dass dieser Poet – zumal der ganze Band dem Thema Liebe, Sehnsucht und der Hoffnung auf Vereinigung gilt – an diesem Vorbild der eigenen Lyrik weder vorbeigehen konnte noch wollte.

In den teilweise kurzen, teilweise auch längeren Gedichten, die folgen, bietet Pazarkaya Variationen zu immer demselben Thema: Liebe, Sehnsucht nach Trennung, Hoffnung auf Erfüllung und wahrer Ich-Werdung im Du. Dies zeigen schon die Überschriften, die er seinen Versen jeweils gegeben hat: „Ohne dich aufgelöst mein Heim“, „Dem Ruf deiner Stimme folgend“, „Bin ich nicht du, dann bin ich in der Eremitenhöhle“, „In dir aufzugehen mein einzig Begehren“, „Lehre mich schwinden und von neuem sein“, „Ich bin in Du-Finsternis“, „Gestalte mich als Du“, „In deiner Gefangenschaft bin ich frei“, „Ich erblühe in dir durch deine Liebe“. Das individuelle Ich und das individuelle Du werden freilich im Verlauf des dichterischen Prozesses erweitert ins Ganzheitliche der Natur und ihrer Erscheinungen, ja ins Kosmische. Das Universum selbst (evren) wird zu einem Du. Vielleicht erkennen wir hier jenen kosmogonische Eros (Ludwig Klages) wieder, von dem Mevlâna Rumi immer wieder dichtet. Bei Yüksel Pazarkaya heißt es:

Was macht das Segel ohne Wind
Das Brot ohne Liebe
Was macht der Wind ohne Wolken
Die Erde ohne Regen
Was mache ich ohne dich
Was kann das Fahrzeug ohne Antrieb
Das Wasser ohne Liebe
Was kann der Antrieb ohne Fahrer
Das Feld ohne Besteller
Was kann ich ohne dich
Was kann der Kopf ohne Augen
Die Luft ohne Liebe
Was kann das Auge ohne Hände

Der Garten ohne Blumen
Was mache ich ohne Herz
Was macht die Schönheit ohne Neigung
Was macht die Schöne ohne mich
Was mach ich ohne dich

Das Ich und das Du sind nicht nur untrennbar ineinander verwoben, wenn die Liebe einen Sinn hat, dieses Ineinander-Verwoben-Sein betrifft alle natürlichen Dinge der Schöpfung, doch auch jene, die der Mensch ihnen hinzugefügt hat. Hinter allem, was ist, steckt eine Dynamik, als deren (transzendente?) Chiffre die Liebe erscheint.

Kaum bekannt ist in Deutschland, dass Pazarkaya auch viele Gedichte Rainer Maria Rilkes (1875–1926) ins Türkische übertragen hat, dazu auch einige Erzählungen von Stefan Zweig sowie „Die Leiden des jungen Werther" von Goethe.

Zuletzt hat sich Pazarkaya auch als Romancier versucht. Im Jahre 2002 erschien in Hamburg sein Werk „Ich und die Rose". Es ist die Geschichte eines Türken namens Orhan, der nach einem langen Aufenthalt in Deutschland wieder in die Türkei zurückkehrt. Was er dort erfährt, hat er freilich nicht vermutet: Das Land ist ihm in einer Weise fremd geworden, die er nicht für möglich gehalten hätte. Die Türkei ist ideologisch zerrissen und polarisiert, die Repression ist groß. So wird die Rückreise in die alte Heimat mehr und mehr zu einer Reise in das eigene Ich und seine Erfahrungen. Aus Deutschland bringt er Erfahrungen mit, die in der aktuellen Türkei befremdlich wirken, doch auch seine alten Prägungen aus der Heimat, die er einst nach Deutschland mitbrachte, sind vergangen. Unter dem Titel „Ben araniyor" (etwa: Auf der Suche nach mir, nach dem Ich) ist der Roman auch auf Türkisch erschienen.

Orhan findet erst durch den Kontakt mit einem jungen Straßenverkäufer, der auch Orhan heißt, und durch die Liebe zu Gül (das türkische Wort für „Rose") wieder einigermaßen zu sich selbst. Man geht kaum fehl, wenn man vermutet, manches in Orhans Gestalt trage Züge des Dichters Yüksel Pazarkaya, der sich in vorgerücktem Alter entschloss, auch wieder in der Türkei zu leben, nicht mehr nur in der früheren Wahlheimat Deutschland. Die kulturellen Unterschiede zwischen beiden Ländern, zwischen Deutschen und

Türken, hat Pazarkaya versucht, beispielhaft zu beschreiben, sie gewissermaßen auf den Punkt zu bringen. Wohl auch, um sie deutlich zu benennen, nicht zu verschweigen. Man hat ihm dies als Klischeehaftigkeit angekreidet. Dass ihm diese Kritik allerdings nicht gerecht wird, machte er mit seinen gesammelten Essays aus dem Jahre 2006 klar. In dem Band mit dem poetischen, von Mevlâna Rumi stammenden Titel „Nur um der Liebenden willen dreht sich der Himmel" hat der Autor Essays zu kulturellen, kulturpolitischen, politischen und literarischen Themen versammelt. Die Stellung von Migranten, vornehmlich natürlich aus der Türkei, deren Sprache, respektive Sprachlosigkeit, dazu deutsche Befindlichkeiten bei der Bewältigung der nationalsozialistischen Vergangenheit oder dem so heiß umkämpften Thema Migration, Zuwanderung oder Einwanderung bilden den Stoff dieser Traktate, die formal freilich recht unterschiedlich gestaltet sind. Immer wieder bringt der Dichter Pazarkaya auch seine Gedanken und Empfindungen in lyrischer Form zur Geltung. Dabei fällt auch manch kritisches Wort gegen sein „zweite Heimat". Diese Essays über die neuen Herausforderungen des wiedervereinten Deutschlands faszinieren durch die unterschiedlichen Perspektiven, die der Autor einnimmt – einmal als türkisch sozialisierter Dichter, dann wieder als in Deutschland sozialisierter Intellektueller, dessen kritisches Instrumentarium das Denken Walter Benjamins und anderer ist. Die Ratlosigkeit vieler Politiker, ihre Wetterwendischkeit, die allerdings auch andere Teilnehmer am Diskurs, etwa die deutschen Schriftsteller, kennzeichnet, wird von Pazarkaya kritisch aufgespießt, etwa, wenn er Formulierungen nachgeht wie „Deutschland ist kein Einwanderungsland", die zwanzig Jahre danach ohne viel Federlesens in ihr Gegenteil verkehrt werden: Deutschland ist ein Einwanderungsland geworden und sollte dem durch eine rationale wie menschlich anständige Politik Rechnung tragen. Ausgangspunkt von Pazarkayas Überlegungen ist jedoch immer die Toleranz, das Beharren auf und das Streben nach Freiheit. Höchster Wert jedoch ist die Liebe. Sie beschwört der Autor ganz zu Anfang dieses Bandes durch eine auf der islamischen Tradition beruhende, wunderbar poetisch formulierte Schöpfungsgeschichte, die in Rumis oben zitiertem Vers gipfelt: „Nur um der Liebenden Willen dreht sich der Himmel und kreisen die Sphären … Wenn es keine Liebe gäbe, würde die Welt gefrieren". Die seelische Kälte und Empathielosigkeit ist etwas, das Zuwanderer aus orientalischen Ländern in vielen europäischen

Ländern immer wieder wahrnehmen. Das 21. Jahrhundert, so könnte man die Essenz dieser Beiträge in Abwandlung eines bekannten Wortes von André Malaraux formulieren, „wird kulturell vielfältig sein, oder es wird nicht sein".

Yüksel Pazarkaya ist gewiss ein deutsch-türkischer Weltbürger. Diese Haltung wird man nicht automatisch jedem abverlangen oder gar erzwingen können. Seine Zeilen in Prosa und Lyrik sollten aber beide, Deutsche wie Türken, dazu auffordern, immer wieder Anstrengungen in der von ihm (und anderen) gewiesenen Richtung zu unternehmen, damit das längst bis in persönliche Bindungen hinein konstitutionell gewordene Verhältnis zwischen beiden Völkern, respektive den Individuen beider Völker harmonischer, selbstverständlicher werde. Dies gilt gerade auch für das allgemein Menschliche, es muss nicht immer die intellektuelle Ebene sein.

Es kommt vielleicht nicht von ungefähr, dass der deutsch-türkische Dichter Yüksel Pazarkaya mit Aziz Nesin (1915–1995), dem großen Humoristen und Satiriker der modernen türkischen Literatur, befreundet gewesen ist. So eng, dass sogar Teile von dessen Nachlass auf ihn gekommen sind. Den hütet und bearbeitet er. Nesin, der viele Male mit seinen intellektuellen Gegnern und dem Staatsanwalt in Konflikt geriet, den einige seiner Feinde sogar ermorden wollten, war ein Meister darin, das Menschliche und dessen Gegenteil, das Widermenschliche, gerade im Alltag der Einzelnen aufzuspüren und es, humoristisch oder sarkastisch verfremdet, an das Tageslicht zu bringen. Doch dies ist eine andere, besondere Gattung der Literatur.

*

Goethe, Mevlâna, Schopenhauer

Senail Özkan vermittelt Türken deutsche Dichtung und Philosophie

„Ich werde den Deutschen etwas zurückgeben", sagte der türkische Student Senail Özkan einmal zu mir, als er in den achtziger Jahren in Bonn studierte: Orientalistik, Philosophie und Soziologie. Und er hat Wort gehalten: Özkan kann heute als der bekannteste und bedeutendste Vermittler deutscher Kultur, vor allem der deutschen Literatur und Philosophie, in der Türkei gelten. Er ist Philosoph, Autor und Übersetzer. In dieser Eigenschaft verfasst Senail Özkan nicht nur Werke über die Großen der islamischen Geistesgeschichte, wie Mevlâna Celâlettin Rumi (1207–1273), über den der Leser in diesem Büchlein schon so viel gehört hat, den klassischen persischen Lyriker und Epiker Scheich Saadi (gestorben 1292) oder Muhammad Iqbal (gestorben 1937), den großen indo-muslimischen Dichter und geistigen Vater Pakistans, sondern bringt den Türken auch durch seine Übersetzungen und eigenständige Arbeiten Goethe, Nietzsche und Schopenhauer nahe. Dabei versucht er, durchaus im Sinne Goethes, östliches und westliches Denken einander anzunähern.

Es verwundert nicht, dass Goethe mit seinem „West-östlichen Diwan" ihm dabei das alles überragende Vorbild ist. Im Jahre 2009 hat er eine Übersetzung des „Diwan" im Ötüken Verlag vorgelegt, ein monumentales Werk von 500 Seiten, da Özkan die Gedichte Goethes und Marianne von Willemers nicht nur ins Türkische übertrug (der Band enthält die deutschen Fassungen der Gedichte wie die türkischen, sodass man vergleichen kann), sondern auch durch einen umfassenden Kommentar ergänzte.

Der 1955 geborene Gelehrte hatte jedoch ganz anders angefangen: Nach einem Studium der Elektrotechnik in Ankara kam er 1978 nach Deutschland. In Bonn war unter anderem Annemarie Schimmel, die 2003 verstorbene *Grande Dame* der deutschen Orientalistik, seine Lehrmeisterin. In ihrem idealistischen

Geist und dem Überschwang einer möglichen Vermittlung zwischen Orient und Okzident wirkt er bis heute – ungeachtet der aktuellen politischen und terroristischen Konfrontationen. Einige Werke Annemarie Schimmels hat er schon früh übersetzt. Zum Beispiel ihre Monographie über Mevlâna Rumi („Ich bin Wind und du bist Feuer“).

Ihre Hinneigung zum Sufismus, der islamischen Mystik, teilt er; diese wiederum ist mit der Dichtung der Perser, Araber, Türken und Osmanen auf das innigste verflochten. Bis zu seiner Rückkehr in die Türkei 1998 – er lebt heute in Istanbul – war er in Deutschland als Dolmetscher und Übersetzer tätig. Dann begann er so regelmäßig zu publizieren, dass allein die Fülle des von ihm bearbeiteten Stoffs erstaunen macht. Özkan kennt nicht nur die deutsche Klassik und Romantik, sondern ist auch firm in der Geschichte der Religionen und beschlagen in der europäischen und östlichen Philosophie.

Seither hat Özkan sich bevorzugt mit der Orient-Rezeption Goethes beschäftigt und in etlichen eigenen Monographien die Gedanken Nietzsches und Schopenhauers an die Türken weitergegeben. Dabei unternimmt er den Versuch, beide (Frei)-Denker mit eher heterodoxen Strömungen im Islam in Beziehung zu setzen. Schopenhauer wurde – über den indo-muslimischen Sufi Dara Shikoh, der auch ein Prinz aus dem Herrscherhaus der Moguln war, und dessen Übersetzer Hyacinthe Anquetil-Duperron – mit den hinduistischen Upanishaden (der Franzose übertrug diese Fassung im 18. Jahrhundert unter dem Titel „Oupnekhat“ aus dem Persischen ins Lateinische) bekannt. Schopenhauer schätzte dieses Werk der indischen Religionswelt über die Maßen und sprach davon, es sei der „Trost seines Lebens“ und werde auch „der Trost seines Sterbens“ sein. Und Nietzsches ebenso berühmtes wie berüchtigtes Werk „Also sprach Zarathustra“ verlockt jeden Intellektuellen im Orient, sich Nietzsches Denken und den für diesen so wichtigen Hintergründen des orientalischen „Dualismus“ zu widmen. Nietzsche verstand seinen Titel und die von ihm geschaffene Figur des Zarathustra dahingehend, dass Zarathustra, der Schöpfer des religiösen Dualismus, auch dessen Ende verkünden musste. Das Ende aller Religion bringt den Übermenschen hervor, der „der Schlange den Kopf abbeißt“, sprich: die völlige Sinnlosigkeit des Daseins, den Nihilismus, bejaht.

Man mag hier fragen: Wie das? Ist Nietzsche denn nicht Atheist? Wie kann sich denn ein Muslim für solch einen Dichter und Denker interessieren? Es ist gerade Nietzsches an den Existenzialismus grenzende Radikalität des Fragens und Zweifelns, die bei manchen Muslimen verfängt, ganz abgesehen davon, dass es ein falscher Eindruck wäre zu behaupten, der Agnostizismus, ja der Atheismus seien dem Orient ganz fremd. Man denke nur an den metaphysischen, teilweise wirklich abgrundtiefen Zweifel, den ein Omar Chayyām (1050–1123), Astronom, Mathematiker und Dichter, in seinen weltberühmten Vierzeilern (rübailer) anmeldet.

Auch gläubige christliche Denker haben sich zu Friedrich Nietzsche bekannt, ihn und seine radikale Kritik am historischen Christentum geradezu als Befreiung empfunden und gefeiert; man denke nur an Walter Nigg, den bedeutenden Hagiographen der Ketzer innerhalb der christlich-jüdischen Kultur. Wer in unserer Zeit zum metaphysischen Kern der Religionen vorstoßen will, den es zu bewahren gilt, kommt um deren radikale Kritik nicht herum. Der Ballast von Jahrhunderten, pathologische Erscheinungen innerhalb der Religion und andere Depravationen müssen beiseite geschafft werden, um deren eigentlichen Kern, die Einsicht des Menschen in jenes Unverfügbare, das sein Wünschen und Wollen übersteigt, jenes Numinose und Faszinose, von dem Rudolf Otto spricht, umso klarer hervortreten zu lassen.

Hinzu kommt, dass Orientalen, denen wir die meisten heiligen Texte der Menschheit verdanken, ein untrügliches Gespür für Texte haben, die äußerlich ketzerisch wirken mögen, im tiefsten Inneren ihrer sprachlichen und gedanklichen Struktur jedoch einen durchaus religiösen Geist atmen. Bei Nietzsches Texten, insbesondere dem „Zarathustra", ist dies mit Händen zu greifen. Ganz bewusst hatte Nietzsche im „Zarathustra" den Versuch unternommen, seine Botschaft des Unglaubens in religiös aufgeladener Sprache unter das Volk zu bringen. Wie sehr dies gerade Menschen aus dem Osten fasziniert, zeigt beispielsweise die bekannte Prosadichtung „Der Prophet" des Libanesen Khalil Gibran, deren sprachlicher Duktus völlig von Nietzsches „Zarathustra" inspiriert wurde.

Unter anderem dieses Merkmal kann auch zu der Frage führen, ob ein Denker wie Nietzsche, den man in seiner Jugend „den kleinen Pastor" genannt hatte, Gott wirklich losgeworden ist, wie er glaubte, oder ob wir in ihm nach wie vor einen zutiefst religiösen Geist sehen müssen. Religiosität ist ja eine Eigenschaft des Menschen, die sich weder im Monotheismus noch in irgendwelchen theologischen Abstraktionen allein erschöpft.

Am besten gelingt Senail Özkan die Synthese europäischen und „islamischen" Denkens in dem Band „Mevlâna ve Goethe" (Mevlâna und Goethe), denn er vergleicht dort das mystisch-pantheistische Weltbild, die kosmische Religion des anatolischen, ursprünglich aus dem persischen Kulturraum stammenden Poeten und Denkers Mevlâna Celâlettin Rumi mit Goethes ganzheitlicher, vom Spinozismus und der Leibnizschen Monadenlehre beeinflusster Weltschau. Rumi, der den bekannten Sufi-Orden der Mevleviye („Tanzende Derwische") von Konya inspirierte, ist bis heute in der Türkei und anderen Regionen der islamischen Welt ein wichtiger geistiger Wegweiser für alle, die die islamische Gesetzesfrömmigkeit innerlich ablehnen und sie spiritualisieren wollen. Bis heute strahlt sein Werk auch in die moderne und zeitgenössische türkische Literatur aus – von Nâzim Hikmet bis zu Nedim Gürsel.

Als eine Fortsetzung seines Schopenhauer-Buches kann sein religionswissenschaftliches Werk „Ölüm Felsefesi" (Philosophie des Todes) gelten, in dem er die Jenseitsvorstellungen der Upanischaden, des alten Ägypten, des Buddhismus sowie des Christentums darstellt. „Die Philosophie des Todes" müsste man deshalb eher als ein religionswissenschaftliches oder religionsphilosophisches Werk bezeichnen. Seine Arbeit über Schopenhauer heißt auf Türkisch „Schopenhauer, Paradokslar üzerinde raks" („Schopenhauer. Tanz auf den Paradoxien"). Das Buch ist in vier große Abschnitte unterteilt, die von Schopenhauers mystischer Philosophie, seiner Willens-Metaphysik, seiner Ästhetik und zuletzt seiner Ethik handeln. Und Özkan hat diesem Buch eine Sentenz, ein Motto vorangestellt, das von Schopenhauer selber stammt: „Beni okuyan – münhasiran sufilerin tasavvufunu da okumali" („Wer mich liest, muss auch bestimmte islamische Mystiker und ihre Lehren lesen"). Das Zitat ist dem handschriftlichen Nachlass des Welt-Weisen von Frankfurt entnommen.

Doch immer wieder kehrt Senail Özkan zu Goethe zurück. Vor allem die Untersuchungen der deutschen, in Amerika tätigen Germanistin Katharina Mommsen zu Goethe und dessen orientalisch-islamischen Neigungen und Interessen faszinieren ihn. In Weimar kann jeder sogar Goethes arabische Schreibübungen besichtigen. Und August Wilhelm Schlegel war es, der Goethe einmal ein wenig boshaft einen „zum Islam übergetretenen alten Heiden" genannt hatte. Mommsen hat nachgewiesen, dass Goethe nicht nur inhaltlich von orientalischen Vorbildern beeinflusst wurde, sondern auch von deren Formen des Erzählens, das heißt stilistisch. Goethes spätere Prosa, seine lockere Fügung des Erzählstroms, wäre nach ihr ohne arabisch/persische Vorbilder wie „Tausend und eine Nacht" oder „Kalila und Dimna" so nicht entstanden. Vor allem die orientalische volkstümliche Erzähltradition, die zwischen Indien, Persien, dem Irak und Ägypten weitergetragen wurde, wirkte auf den deutschen Dichter ein.

Katharina Mommsen Werk „Goethe und der Islam" ist von Özkan ins Türkische übersetzt worden. Erst 2015 erschien ein wieder über 500 Seiten umfassender Band mit Übertragungen von Mommsens klassischen Arbeiten unter dem Titel „Goethe ve dünya kültürleri" (Goethe und die Weltkulturen). Man muss nicht naiv sein, um zu begreifen, dass in einer immer mehr vernetzten Welt nur diese weltbürgerliche Gesinnung, wie Goethe sie „erfunden" hat und wie sie von Katharina Mommsen und Senail Özkan praktiziert wird, ein friedliches und gedeihliches Zusammenleben der verschiedenen Kulturen ermöglichen wird. Die Unterschiede sind damit keineswegs geleugnet oder gar beseitigt.

Die größte Tat Senail Özkans liegt freilich schon zwei Jahre zurück: seine Übersetzung von „Die Leiden des jungen Werthers", wieder im Ötüken Verlag erschienen. Und wie immer begnügt sich dieser türkische Freund der deutschen Dichtung nicht mit dem Text, sondern fügt ihm einen umfangreichen Epilog hinzu, in dem er die gesellschaftlichen und literarischen Verhältnisse jener Jahre behandelt, in denen Goethes erster Geniestreich entstand. Die Gründlichkeit und Tiefe des Wissens, mit der er dies tut, gereichte jedem Germanisten zur Ehre.

Senail Özkan bewegt sich virtuos zwischen Literatur, Dichtung und Philosophie hin und her, er ist da ein Grenzüberschreiter. Auch wenn die Geschichte des philosophischen Denkens im islamischen Orient anders verlaufen ist als in Europa, weniger systematisch und strukturiert, so ist doch die oft vorgebrachte Behauptung, die islamischen Völker hätten außerhalb der Rezeption der antiken griechischen Philosophie im Mittelalter kein philosophisches Denken hervorgebracht, in dieser Entschiedenheit falsch.

Die Literaturen der Araber, Perser und auch der Türken (Osmanen) sind voll von philosophischen Gedanken, ja, man könnte sogar sagen, der Dichterphilosoph sei eine geradezu typische Gestalt der orientalischen Literatur. Vor allem die großen Epiker des islamischen Orients, ein Attar, ein Nizami (ein Türke übrigens aus dem heutigen Aserbaidschan) haben Werke geschaffen, die mit Metaphysik geradezu gespickt sind. Vor allem die religiös-mystischen Dichtungen, etwa Mevlâna Celâlettin Rumis monumentales „Mesnevi" („Geistiges, spirituelles Epos"), sind gedankenschwer und regen zum Spekulieren über Gott und die Welt an. Der spirituelle Kern dieser Epen, deren Zahl in die Hunderte geht, ist die Liebesmystik des klassischen Sufismus.

In der Türkei sind solche und Werke der eigenen, osmanischen Tradition, wie das mystisch-philosophische Epos „Hüsn ü Aşk" von Scheich Galip aus dem 18. Jahrhundert, seit Jahrhunderten rezipiert worden. Und man kann selbstverständlich aus den Dichtungen eines Yunus Emre, die ins 13./14. Jahrhundert zurückreichen, ein religiös-metaphysisches Weltbild entnehmen. Emre war ein anatolischer Volksmystiker, dessen metaphysische Vorstellungen verknüpft waren mit der natürlichen Umwelt, von der die damalige Bauern-Bevölkerung des Hochlandes lebte, die ihren vergöttlichten Lebensraum ausmachte und der ihnen einen konkreteren Anlass zur Anbetung Gottes bot als die Abstraktionen des islamischen religiösen Dogmas und Gesetzes.

In jüngster Zeit werden Versuche unternommen, eine Geschichte der türkischen Philosophie zu schreiben. Dies ist ebenso verdienstvoll (weil es manches Unbekannte zutage fördern mag) wie schwierig. Denn von den großen muslimischen Philosophen des Mittelalters war nur al Farabi (gestorben 950) ein Türke; alle anderen waren Perser, Araber oder Berber.

Ein systematisches Philosophieren, ein Philosophieren als akademisches Fach hingegen, zu dem Senail Özkans Werke inhaltlich und grenzüberschreitend einen wichtigen Beitrag leisten, ist in der Türkei recht jungen Datums. Da reichen die Anfänge zurück zur Wende vom 19. zum 20. Jahrhundert. Eine zentrale Gestalt bei der Etablierung eines philosophischen Denkens war Riza Tevfik Bölükbaşi (1869–1949), der nicht nur als Dichter, sondern auch mit philosophischen Abhandlungen hervorgetreten ist. Seine Lebensdaten weisen aus, dass dieser in einem Dorf bei Edirne im heutigen Bulgarien geborene Geist völlig in spätosmanischer Zeit sozialisiert worden ist. Er war Mediziner und beschritt die Laufbahn eines höheren osmanischen Beamten, zeigte sich jedoch in der Zeit des Zusammen- und Umbruchs offen für die Reformbewegung, gerade auch auf dem Felde der Literatur. Im letzten osmanischen Kabinett war er Erziehungsminister. Da er zu den Unterzeichnern der für die Türkei demütigenden Abkommen von Sèvres 1920 gehörte, musste er zwei Jahre später, zusammen mit 150 anderen Intellektuellen ins Exil, zunächst nach Jordanien, dann in den Libanon. Es waren die Jahre, in denen Kemal Atatürk erfolgreich eine neue Türkei schuf und die Unterzeichner von Sèvres als Verräter gebrandmarkt wurden. Erst 1943 konnte Bölükbasi in die Türkei zurückkehren.

Außerdem wirkte er als führendes Mitglied des volkstümlichen Bektaşi-Derwischordens und als prominenter Freimaurer. Die Bektaşi vertraten in ihren Klöstern ein Weltbild, das weitgehend mit dem der Aleviten identisch war (und ist). Vom sunnitischen Islam ist es ziemlich verschieden, da neben Gott und dem Propheten Mohammed vor allem Ali verehrt wird, der Vetter des Propheten und Gründer des Schiitentums. Allerdings lehnen Aleviten wie Bektaşi das religiöse Gesetz (şeriat) weitgehend ab und appellieren in der Ethik an die menschliche Vernunft. Man könnte das Alevitentum vielleicht als ein ethisches System auf religiös-mystischer Grundlage bezeichnen, mit einer starken Tendenz zum Pantheismus. Trotzdem waren die Bektaşi in osmanischer Zeit immer die Feldprediger der türkischen Heere, verbunden mit den Janitscharen, der Elitetruppe des Sultans, die sich aus der „Knabenlese" rekrutierte. Als Sultan Mahmud im Jahre 1826 die Janitscharen vernichtete, weil sie sich zu einem Staat im Staat und als Hindernis für den Fortschritt entwickelt hatten, wurden auch die Bektaşi für illegal erklärt; sie verlegten ihren Schwerpunkt auf den Balkan, insbesondere nach Albanien. Ihr Denken jedoch, die Präsenz der Aleviten in der Türkei macht es deutlich, blieb erhalten. Und nach dem Ende des Kommunismus leben auch die Bektaşi-Konvente auf dem Balkan wieder auf.

Als Dichter verfocht Bölükbaşi Ideen einer volkstümlichen, sich auf das Prinzip der Silben (hece vezni) beziehenden poetischen Systems. Als Philosoph unternahm er den Versuch, islamische Lehren und das Alevitentum mit Formen des philosophischen Idealismus zu verbinden. Diesen Idealismus hatte er aus der europäischen Philosophie, vor allem der deutschen übernommen, doch beeinflusste ihn auch das französische Denken.

Deutsche Philosophen waren es dann auch, die während der Zeit des Nationalsozialismus in der Türkei Schutz fanden und das philosophische Leben dort maßgeblich anregten, so Hans Reichenbach, der dem Wiener Kreis um Moritz Schlick nahestand, Ernst von Aster und Heinz Heimsoeth; nach dem Kriege wirkte Joachim Ritter zwischen 1950 und 1952 als Professor der Philosophie in Istanbul. Henning Ritter, mit dem ich gut befreundet war, hat immer enthusiastisch davon erzählt, wie aufnahmebereit die türkischen Studenten seines Vaters für die ihnen völlig neue Welt europäischen/deutschen Philosophierens gewesen sind.

Der Einfluss der deutschen Philosophie in der Türkei umfasste so extreme Positionen wie den logischen Positivismus einerseits und die Lebensphilosophie andererseits. Ob eine spezifisch türkische Philosophie, die stärker eigene Traditionen aufgreift, im Werden ist, muss die Zukunft zeigen. Heutzutage ist der Einfluss der wesentlich aus England kommenden Analytischen Philosophie wahrscheinlich größer als der der deutschen, doch tut Senail Özkan – insbesondere durch die Vermittlung unserer klassischen Literatur – alles ihm Mögliche, um die „deutsche Schule" zu stabilisieren und bekannter zu machen. Da sich die Türken nicht besonders stark für Philosophie interessieren, ist die Beschäftigung mit deutscher Dichtung und Literatur ein besonders angemessener Weg, um philosophisches Wissen und Denken zu verbreiten.

Für das immer enger gewordene Verhältnis zwischen dem deutschen und dem türkischen Volk ist es ein Glücksfall, dass es einen Gelehrten wie Senail Özkan gibt. Unser Land könnte dem einmal mit der Verleihung eines bedeutenden Kulturpreises Rechnung tragen. Vielleicht sogar im Namen Goethes, für dessen Ruhm und Ruf in der Türkei dieser Mann so viel getan hat. Gegenwärtig ist das deutsch-türkische Verhältnis leider auf einem Tiefpunkt angelangt. Die Türkei Erdoğans entfernt sich, geprägt von neuen islamischen Visionen, mehr und mehr von Europa, während unser alter Kontinent, dies zu Recht bedauernd, sich in Ermahnungen und Vorwürfen ergeht, die sachlich berechtigt sein mögen, indessen aber oft kontraproduktiv wirken. Die Welt der Literatur und Dichtung, die Welt des Geistes sollte nicht abhängig gemacht werden von den Querelen und Verwerfungen, die oft nur äußerlichen Krisen und Aufwallungen entsprungen sind und nicht das Wesentliche unter den Völkern, der Menschheit als Ganzes ausmachen. Deutsche und Türken mögen sich nach Herkunft, Sprache und Glauben ursprünglich sehr fern gestanden haben. Sie haben jedoch seit etwa hundert und fünfzig Jahren eine gemeinsame Geschichte, die durch die Massen-Migration intensiver geworden ist. Nicht nur die mehr als drei Millionen Türken, die bei uns leben, erfordern eine Symbiose, sondern die viel größere Zahl ihrer Familienmitglieder, die in der Türkei verblieben sind, aber zu Deutschland über ihre Angehörigen Kontakte und Beziehungen zu unserem Land unterhalten.

Auch die Existenz einer deutsch-türkischen Literaturszene macht dies vor aller Augen deutlich.

* * *